KB112635

250가지
일본의 냄새

250가지 일본의 냄새

발행일 2018년 1월 31일

지은이 김영길, 이향란 그림 김영길
펴낸이 손 형 국
펴낸곳 (주)북랩
편집인 선일영 편집 오경진, 권혁신, 최예은, 최승헌
디자인 이현수, 김민하, 한수희, 김윤주 제작 박기성, 황동현, 구성우, 정성배
마케팅 김회란, 박진관, 김한결
출판등록 2004. 12. 1(제2012-000051호)
주소 서울시 금천구 가산디지털 1로 168, 우림라이온스밸리 B동 B113, 114호
홈페이지 www.book.co.kr
전화번호 (02)2026-5777 팩스 (02)2026-5747

ISBN 979-11-5987-911-1 03910 (종이책) 979-11-5987-912-8 05910 (전자책)

이 도서의 국립중앙도서관 출판예정도서목록(CIP)은 서지정보유통지원시스템 홈페이지(http://seoji.nl.go.kr)와 국가자료공동목록시스템(http://www.nl.go.kr/kolisnet)에서 이용하실 수 있습니다.
(CIP제어번호 : CIP2018002372)

250가지 일본의 냄새

글 김영길, 이향란 그림 김영길

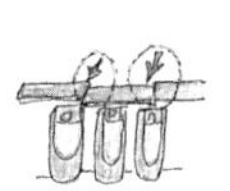

북랩 book Lab

시작하며

교육공무원으로서 일본에 있는 한국학교에 교육부파견근무를 하게 되었다. 나는 1995년부터 4년간 교토한국학교에서, 아내는 2001년부터 5년간 오사카의 건국학교에서 근무하였다. 공무원으로서 파견근무를 마치고 보고서를 작성하였다. 그러나 주위의 사람들은 일본에 관해 자주 질문을 해 왔다. 그에 대해 대답을 하는 일이 반복되다 보니 책으로 내는 것이 편리할 것 같았다. 사소한 잡담에 불과한 것을 책으로 내는 것이 한 권의 쓰레기가 될지도 모르겠다.

아내와 나는 일본에 관한 전문가가 아니다. 일본어는 물론 역사, 정치, 문화 어느 것도 전공하거나 배운 적이 없다. 평범한 생활인으로서 그곳에 살면서 눈으로 보고 느낀 것을 정리해 보았다. 일본을 이렇게도 볼 수 있다는 것을 말하고 싶었다.

일본어에 서투르다 보니 실수도 많았고 어려운 점도 많았다. 재미있는 에피소드도 있었다. 일본에 관한 책은 많다. 극일 내지는 일본을 배우자고 하지만 구체적으로 무엇을 배울 것인가는 그다지 많이 소개되어 있지 않다. 일본의 친절함, 깨끗함을 이야기 하지만 '어떻게', '어느 정도'가 없다.

일본의 주유소를 예로 들어 보자. 직원이 바깥에 '앉아서' 손님을 기다리는 것을 본 적이 없다. 손님의 차가 오면 직원은 '어서 오십시오' 인사를 하고 연료의 종류를 묻는다. 손님의 주문에 대해 복창을 한다. 전면 유리창과 운전자와 조수석의 유리창을 닦아 준다. 승용차의 경우 유리창을 다 닦아 준다. 연료를 주입한 후에는 도로로 안전하게 나갈 수 있도록 안내를 한 후에 '고맙습니다' 하고 모자를 벗으며 인사를 한다. 양보해 준 도로의 차에게도 고맙다는 인사를 한다.

'어서 오시라'고 인사를 했으면 당연히 '안녕히 가시라'거나 '고맙다'는 인사를 하는 것이 행동의 호응 관계가 맞는 것이다. 손님이 고마워서 자동차의 유리창을 닦아 주는 것이다. 도로로 돌아가는 손님의 안전을 위해 후속 차량의 양보를 받아내 주는 것이다. 양보를 해 준 사람에게 고맙다는 인사를 하는 것도 당연한 것이다.

이처럼 사소한 것이지만 구체적인 것을 들려주고 싶었다. 어떤 사람이 이런 말을 하였다. 우리나라 사람은 개론(概論)에는 강한데 각론(各論)에는 약하다는 말이었다. 일본을 싫어하는 사람도 많아서 애써 친일적인 냄새가 나지 않도록 했다. 남의 나라를 험담하기보다는 좋은 면을 다루려고 하다 보니 자연히 친화적인 냄새가 풍길 수밖에 없지 않을까 한다.

'왜색풍의 노래'라든지 '일본바람'이 분다는 말이 있다. 물건에 있어서 구미(歐美)의 것과 비교해 볼 때, 일본 제품은 나쁘게 표현하면 조잡하지만 좋게 표현하면 섬세한 면을 띄고 있다. 부품이나 포장이나 메인 품목의 액세서리가 그러한 특성을 가진다. 예를 들어 일본 상품의 경우 비닐포장 물건에는 뜯거나 자르기 쉽도록 칼자국(키리구치; 切り口 또는 키리메; 切り目)을 반드시 만든다. 또 한국, 중국, 일본 사람이

섞여 있을 때 외형으로는 쉽게 차이를 못 느끼지만 행동 양식을 보면 세 나라 사람을 구별하기 쉽다고 한다. 이때 드러나는 일본만의 특성을 '일본 냄새'라고 표현해 보았다.

드러내어 표현하지 못한 부분을 생각하며 보아 준다면 이 책이 휴지조각이 되지 않으리라고 본다. 일본에 관심이 있는 분에게 조금이라도 '구체적인' 도움이 되었으면 좋겠다는 마음에서 써 보았다.

끝으로 한 권의 책으로 펴내 준 ㈜북랩에 감사의 마음을 전한다. 두서없이 쓴 원고를 땀 흘려 교정하고 편집해 주신 분들께 감사드린다.

2018년 연초에

김영길, 이향란

차 례

교회와 절과 신사의 냄새

전쟁의 냄새

재난과 안전의 냄새

돈의 냄새

일의 냄새

방송의 냄새

교육과 학교와 한자의 냄새

의식의 냄새

음식의 냄새

장애인과 고령화에 대한 대응

경찰의 냄새

주차장의 냄새

병원의 냄새

여행의 냄새

스포츠의 냄새

생활의 냄새

전철과 지하철의 냄새

자동차의 냄새

자전거의 냄새

고속철도의 냄새

운전의 냄새

도로의 냄새

우리 집의 냄새

정월의 냄새

01 연하장(年賀状)

연하장 관련 산업이 성업이에요. 2015년 한 해의 우편 연하장 발행 수가 32억 1,590만 8천 매라고 해요. 엽서를 보내어 안부를 확인하는 것이 연말연시 행사의 하나이지요. 덧붙여 '오세보(お歳暮)'라 하여 선물을 주고받기도 해요.

각 가정은 1월 1일 아침 식사로 '오세치(お節)' 요리라는 것을 먹어요. 연하장은 우체국에서 가구별로 고무 밴드로 묶어서 새해 첫날 아침에 각 가정에 배달하지요. 우체국에서는 이런 작업을 앞두고 작년 아르바이트생에게 올해도 아르바이트를 하겠느냐고 연락을 하기도 하지요.

우편 연하장의 하단에는 복권 번호가 써 있어요. 추첨을 해서 1등은 1만 엔, 2등은 지역 특산물 등을 줘요. 여름 연하장으로 '오쥬겐(お中元)'을 7월 15일 즈음에 신세 진 사람에게 보내는데, 선물을 같이 보내기도 해요.

02 정월의 장식

새해 1월초에 운행하는 승용차의 보닛 앞 그릴에 특이한 장식을 해요. 새끼줄과 짚으로 소나무 가지, 사철나무 잎, 귤을 엮은 '시메나와(しめ縄) 장식'이에요. 집 대문 앞에는 대나무와 솔가지로 만든 '카도마츠(門松)'라는 장식물을 놓기도 해요. 현관에 들어서면 흰 떡을 쌓아 놓고 그 위에 귤을 얹은 '카가미모치(鏡餅)'라는 장식을 하네요.

집안에 불단 위에는 떡과 솔잎, 귤, 대나무, 새끼줄로 엮은 장식을 해요. '시메나와', '모찌바나(餅花)', '자시키 카자리(座敷飾り)', '이케바나(生け花)', '카미다나 카자리(神棚飾り)'라고 하지요.

선달그믐 즈음하여 집, 회사의 대청소를 해요. 연말에는 청소 도구와 세제가 잘 팔리는 것을 보아요.

교토의 냄새

03 교토 역 버스 터미널

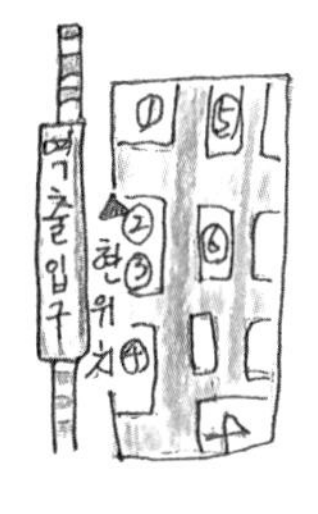

각 행선지와 승차장이 한 도면에 표시되어 가고자 하는 노선의 버스가 어디에서 승하차하는지 알 수 있어요. 시(市) 버스와 타 회사(京都府) 버스를 구분하여 표시하고 있지요. 노선안내표시를 버스 색깔과 같은 색으로 하여 알아보기 쉽게 되어 있어요.

국내·외 관광객을 위한 안내소가 터미널 승하차장에 있고 외국어 대응 안내원이 배치되어 있어요. 각국 언어(주로 영어, 한국어, 중국어)의 노선도, 관광 소책자 등이 비치되어 있어요. 숙박(호텔, 여관, 민박, 게스트 하우스)의 안내, 비용 상담, 예약 대행도 해 주어요. 시내의 교차로에도 버스 정류장의 행선지와 승차장이 표시된 정류장 전체의 안내도가 붙어 있어요. 처음 이용하는 사람도 쉽게 알 수 있어요.

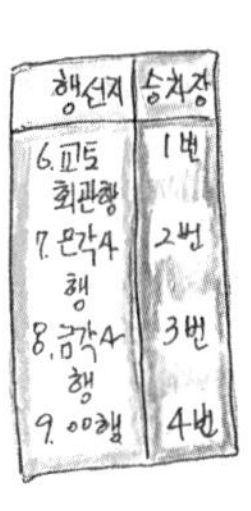

04 교토시 버스 정류장

정류장 안내 기둥 상자 위에 전파 수신 안테나가 붙어 있어 노선버스가 오는 상황을 나타내 주어요. 노란 동전 크기의 알림판이 도착역의 전전역부터 운행 상황을 나타내지요. 기둥 상자의 면에 버스 노선도가 그려져 있고 시간표가 평일과 토·일·공휴일로 나뉘어서 붙어 있지요.

평일의 경우 출근 시간대에는 촘촘히 운행되고 토·일·공휴일에는 관광 시간대인 10~16시 사이에 짧은 간격으로 짜여 있어요. 한 대씩 정확한 정차 위치에 정차하기에 고령자와 시각장애자도 이용하는 데 어려움이 없어요. 정차하기 전에 승객이 일어나서는 안 되지요.

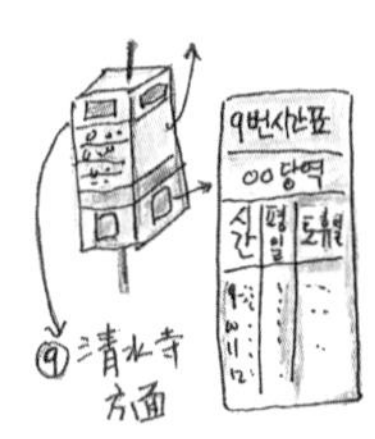

05 교토 버스

뒷문으로 승차하고 앞문으로 하차해요. 승객이 타고 내리기 쉽게 차체가 한쪽으로 기울어 있네요. 버스가 정차 위치에 정확하게 멈추어요. 몇 번 버스라는 방송이 나와 시각장애인이나 고령자가 이용하기 편해요. 승차 시 딩동 벨이 울리며 구간요금 구분을 위한 '정리권'을 뽑으라고 해요. 버스 전면에 구간별 요금이 표시되고, 운임 처리 기계에 현금이나 회수권을 넣으면 벨트가 움직여 수거하지요.

출구에 화폐 교환기가 있어서 1일 승차권은 첫 회에만 기계를 통과시켜요. 두 번째부터는 운전수에게 보이기만 하지요. 교통카드, 회수권, 1일 승차권 등을 운전수에게 구입할 수 있어요. 운전석 뒷면에 시내버스 주요 노선도가 붙어 있어요.

운전수는 정복 차림을 하고 헤드셋 마이크로 출발, 정차, 곡선 운행, 급정차 주의 등의 코멘트를 해 가며 운전을 해요. 정차한 후 일어나서 하차하도록 부탁을 해요. '지상의 파일럿'이란 애칭으로 불리며 교토에서는 인기 있는 직종이라고 해요.

06 케이한 선(京阪線)

교토와 오사카를 연결하는 전철 노선은 JR, 한큐(阪急), 케이한(京阪)이 있어요. 이 외에 '신칸센'과 '하루카'도 있으나 값이 비싸요. '하루카'는 교토와 간사이 공항을 연결하여 관광객을 유치하기 위한 직행선이에요. 오사카를 경유하기는 하지만 값이 신칸센과 별 차이가 없을 정도지요. 신칸센은 고속열차이기에 짧은 구간인 오사카와 교토 사이를 굳이 비싼 비용을 내가며 타는 건 일반적이지 않은 듯해요.

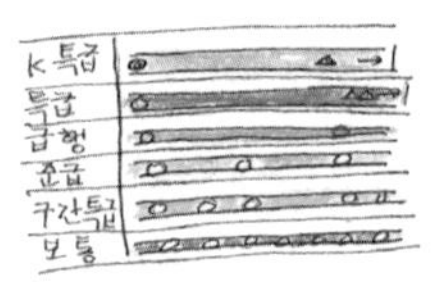

'케이한'은 차종도 다양하고 운행 시간대도 여러 가지예요. 초특급, 특급, 급행, 준급행, 구간특급, 보통 등 하나의 노선을 6가지로 나누어 운행해요. 특급의 경우 2층 차량이고 TV도 탑재(ELEGANT SALOON 800 SERIES 차량)하고 있으며 승차감도 뛰어나요. 오사카와 교토 연변의 명소도 그때그때 맞추어 소개하는 등 열심히 고객유치를 위해 분발하고 있어요. 강력한 경쟁자인 'JR과 한큐'에 지지 않으려 노력한 결과 교토 관광에 있어서는 JR이나 한큐보다는 '케이한'이란 이미지가 성공적으로 자리 잡은(?) 것 같아요. 교토의 '야사카(八坂)' 신사의 제야 행사의 하나인 '오케라마이리(おけら詣り)'에서 새끼줄에 불을 붙이고도 탈 수 있게 하는 것도 승객유치의 한 방법이지요.

07 관광청 이전

교토를 국제적 관광도시로 부각하기 위해 관광청을 도쿄에서 교토로 옮겨왔어요. 파친코는 외관을 요란스럽게 치장해서 손님을 끌지요. 어느 사이에 교토 시내의 파친코는 영문자 표기로 상호만 나타내는 수수한 외관으로 바뀌었네요.

08 오사카 사람, 교토 사람

오사카와 교토는 40여㎞ 정도 떨어져 그다지 멀지 않아요. 문화나 역사와 기질에서 차이가 많아요. 일본 속담에 '마지막 남긴 음식물에 복이 있다'(노코리모노니 후쿠아리: 殘り物に福あり)란 말이 있어요.

오사카 사람은 내가 먹겠다고 하고 교토 사람은 서로 양보하다가 남긴다고들 해요. 횡단보도가 아닌 곳을 마음대로 건너가면 오사카 사람, 신호등이 있는 곳까지 가서 건너면 교토 사람이란 말이 있어요. 신호등이 있어도 빨간 불에 건너는 사람은 오사카 사람, 파란 불에서만 건너면 교토 사람이래요. 대충이란 것이 통하면 오사카 사람, 조금이라도 어긋나면 안 되는 사람은 교토 사람이에요. 인정이 통하면 오사카 사람이고 인정사정 봐주지 않으면 교토 사람이에요. 금방 이야기를 나누고 화기애애한 분위기를 느낀다면 오사카 사람이지요. 몇 년을 함께 지내도 사귀기 힘들면 교토 사람이라고 해요. 물가가 싸고 적당한 무질서와 유머가 넘치는 곳이 오사카라고 해요. 물가가 비싸고 철저한 질서의식과 분명한 맺고 끊음이 있는 곳이 교토라고 말해요. 교토 사람은 오사카 사람을 돈밖에 모른다고 깔보아요. 오사카 사람은 교토 사람이 정도 없고 딱딱하고 답답하며 콧대만 높은 사람이라고 여기지요.

09 가로수

교토 중심부의 가로수로에는 주로 플라타너스가 심어져 있어요. 강이나 시냇가에는 벚꽃을 심어 놓았고 은행나무를 심은 곳도 있지요. 시내의 가로수 대부분을 차지하는 플라타너스의 모양을 보면 조각품 같아요. 수목의 키와 수형(樹形)을 하나같이 똑같은 모양으로 전지하여 전선줄을 방해하지 않게 만들어 놓았네요. 무성한 잎이 도로 표지나 간판을 방해하지 않게 잘라놓았어요.

10 당번표찰

마을의 구역모임에서 청소, 연락 등을 순번에 따라서 해요. 청소 당번 표찰을 집에 걸어 놓아요. 당번의(當番醫)를 알리는 표찰도 있어요. 교토 지역 사회의 연결고리 역할을 하지요. 축제나 전입자 등의 안내 역할도 해요. 교토 특유의 문화이지요.

11 교토의 두 왕(王)

교토의 재일동포사회에는 두 사람의 거물이 있어요. '마루한 그룹'의 '한창우(韓昌祐)' 회장은 일본 파친코의 왕으로 불리우는 사람이지요. 300개의 점포로 매출이 1조 8천억 엔이 넘는다고 해요. 또 한 사람은 '강외수(姜外秀)'라는 사람인데 일본 야쿠자 4대 패밀리 중 하나인 '아이츠고테츠(會津小鐵)'파의 두목이었어요. 통명으로 '다카야마 도쿠타로'라고 해요. 한 사람은 낮의 왕, 또 한 사람은 밤의 왕이라고 할까. 이 두 사람이 지역동포사회에서 은근한 자부심(?)이 되고 있지요.

한 사람을 더 들자면 'MK그룹'의 '유봉식(아오키 사다오: 青木定雄)' 회장이 있어요.

12 교토 후시미의 이나리신사

흔히 신사의 입구에 있는 '도리이(鳥居)'를 산 속까지 만들어 놓았어요. 도리이는 우리나라의 솟대 성격의 구조물로 'ㅍ' 자 비슷한 사다리꼴이에요. '이나리 신사'는 전국에 3만 개가 넘는다고 해요. 총본산이 이곳 '후시미의 이나리 신사'예요. 산 위로 올라갈수록 분위기가 으스스해요. 여우상이 너무 많아 귀신이 나올 것 같아요. 이곳에 회사 이름으로 '도리이'를 세우면 성공한 것으로 보아요.

13 교토의 미나미자(南座)

시조(四條)의 '가모가와' 강 옆에 가부키(歌舞伎) 공연장 '미나미자'가 있어요. 가부키 전용 공연장은 도쿄, 오사카, 교토 세 곳에 있어요. 전통극 가면극인 '노(能)', 인형극인 '분락쿠(文樂)', 광대극인 '교겐(狂言)' 등이 있어요. 비싼 관람료에도 예약이 쇄도하지요. 내용이나 용어, 대사는 일본 사람들도 어려워서 모를 정도라고 해요. 그럼에도 불구하고 성업인 것을 보면 전통문화에 대한 뜨거움을 느껴요. 연극이 끝난 뒤 현관에서 배우들과 대면 인사하는 맛을 보기 위해서인지도 모르겠네요.

14 마이코(舞妓)상

교토 시조(四條) 거리에서 '마이코' 상을 볼 때가 있어요. 한여름 '가모가와' 강 주변의 노천카페에는 맥주 파티 행사가 많이 열려요. 이 자리에 '마이코'가 등장하여 흥을 돋우기도 하지요. '마이코'는 중학교를 졸업하고 엄한 수행을 하며 춤과 악기를 배운다고 해요. 요정에서 '마이코' 상을 불러 음주가무를 즐기려면 상차림 값이 상상을 초월한다는 소문이 있어요.

15 가깝고도 먼 이웃

♀: (띵동) 누구세요?

♂: 앞집으로 이사 온 ○○입니다. 앞으로 신세 많이 지겠습니다. 작지만 성의로 받아 주시길…. (같은 층의 집과 아랫집을 찾아다니며 인사를 한다.)

♀: (띵동) 누구세요?

♀: 옆집 할머니에요. (4년 동안 우리 아이들에게 과자, 어린이 옷, 여행 기념품 등 여러 가지 선물을 주셨어요. 백발의 독거 할머니에요. 우리가 건넨 것은 조미 김이었어요. 그 외에는 일절 받지

않아요.)

복도에서 만나서 인사를 해요. 대화는 날씨이야기가 전부예요. 더 깊어진 대화라고 하면 지진이 났을 때를 대비한 이야기 정도이네요. 교토 사람은 사귀기 힘들다는 말을 실감했지요.

16 가늘고 긴 주택

교토의 옛 주택은 지붕이 이어져 있어요. 도로에 좁게 접해서 가늘고 긴 형태의 구조로 되어 있어요. 옛 건물을 재건축하면 10~20평의 땅에 3층으로 지어요. 1층에 주차장, 현관, 2층에 식당과 거실, 3층에 침실을 만들어요. 경계선의 50㎝ 이격이 기준법이지요. 이웃과의 협의로 붙여 짓기도 해요. 대부분 목조 주택이지요. 화재가 나도 이웃의 피해를 보상해주는 법 제도가 없어요.

17 신세 많이 졌습니다

'신세 많이 졌습니다. 폐가 많았습니다(오세와니 나리마시타)'라는 말도 일본 사람이 잘 쓰는 말 중에 하나예요. 보육원 선생님이나 학교 선생님에게 '고맙습니다(아리가또우 고자이마스)' 대신에도 많이 써요. 내 자식을 돌봐주니 신세를 많이 진다고, 미안하고 고마워서 하는 말이지요.

교토사람은 유난히 남에게 폐 끼치는 것에 민감하고, 하면 안 좋은 것으로 생각하는 것 같아요. 어려서부터 이 교육이 몸에 배게 부모가 주의를 줘요. 엘리베이터에 탔는데 아이가 문 쪽에 서 있어요. 아이 엄마가 애를 매몰차게 혼내며 남에게 폐가 되게 거기 있느냐며 안쪽으로 끌어들이는데 내가 미안하고 졸아붙는 것 같았어요. 초등학교 다니는 딸 친구가 휴일에 오전부터 놀러온 적이 있었어요. 점심에 무얼 맛있게 해줄까 물었더니 도시락에 간식까지 모두 싸가지고 왔어요. 일본인과 결혼한 한국 여자 친구도 자기 집에 일본인 시누이가 올 때 자기 점심 도시락을 꼭 가져 온다고 해요. 일본에 가서 얼마 안 되어 딸아이가 친구 집에 놀러 간 적이 있었어요. 오후 5시가 좀 넘었는데 그 친구 엄마가 딸을 데리고 왔어요. 다섯 시가 넘었는데도 데리러 안 와서 자기가 데리고 왔다고 했어요. 왠지 화나 보여 미안했어요.

애기 유모차를 밀고 좁은 시장 길을 오는데 맞은편에서 부부가 옆으로 나란히 걸어와요. 남편이 유모차 쪽으로 계속 오자 부인이 큰 소리로 부르네요. 자기 뒤로 오지 않고 폐가 되게 옆으로 늘어서 걷느냐고 다그치는데 내가 무안했어요. 괜찮다고 했지만 몇 번을 부부가 합창으로 미안하다고 해요. 지하철에서도 앉을 때 조금이라도 옷깃이 옆 사람에게 닿지 않도록 서로 매무시를 가다듬어요.

딸을 보육원에 데려다 주러 갈 때 문 앞에서 얘기하던 할머니들이 한참 만에 돌아올 때 보면 아직도 계속 그 자리에서 무슨 얘기인지 하고 있어요. 혼자 사는 옆집 할머니가 애들 유카타를 선물로 사가지고 왔어요. 들어오셔서 차라도 마시라고 해도 현관 밖에서 얘기하지 절대로 안 들어와요. 너무 미안해서 한국에서는 손님을 밖에 세워두면 실례라고 해도 소용없어요.

이웃집 사람이 방문해도 문 앞에서만 얘기하지 폐가 된다고 집 안에는 안 들어오는 게 교토 사람인가 봐요. 하기야 딸 친구가 놀러와 화장실 갈 때마다 화장실 빌려 써도 되느냐고 물어볼 정도이니 폐를 끼치면 안 된다는 생각이 어려서부터 몸에 밴 것 같아요.

18 교토의 우동집

우동을 좋아하는 셋째 딸과 함께 교토의 시조(四條) '가모가와' 부근의 우동집에 갔어요. 여러 가지 양념을 면 위에 손님이 스스로 넣어가며 먹는 특이한 식당이네요. 손님의 소지품을 의자의 모서리에 걸 수 있고 의자의 밑 부분에 상자를 두어 옷을 개서 놓을 수 있어요. 작지만 꽉 차고 푸근한 맛이 드는 공간이네요. 나무젓가락의 포장에 인쇄된 것을 보니 지점(支店)이 세 곳이나 되고 그중 한 곳은 뉴욕이래요. 미국에도 진출한 곳이네요.

19 최초의 일본어

셋째 딸이 세 살이 되었는데도 말이 늦네요. 우리말을 제대로 하지 못하다가 일본에 와서 우리말과 일본어를 동시에 배우는 꼴이 되었어요. 일본말도 모르면서 보육원에 다니다가 어느 날 집에 와서 일본말을 하는데 '안 돼(だめ)'라는 말이었어요. 다음날에 한 말은 '위험해(危ない)'였어요. 대답과 인사말을 익히고 명사의 접두어에 미화 접두사 '오(お、御)'를, 어미에 '~상(さん)'이란 말을 붙여 쓰네요.

일본의 영유아가 처음 배우는 말이 무엇인지 어느 언론기관이 조사하여 발표한 것이 있어요. 1위가 맘마, 2위가 찌찌(엄마 젖), 3위가 까꿍, 4위가 엄마, 5위가 응, 6위가 멍멍, 7위가 넨네(재울 때 쓰는 말), 8위가 아빠, 9위가 빠이빠이, 10위가 영차 순서였어요.

교회와 절과
신사의 냄새

20 기독교와 왕따

일본의 기독교 인구는 국민의 1% 정도도 안 된다고 해요. 중소 도시, 특히 시골에서는 교회를 보기 어렵지요. 지역 사회에서는 여러 조직이 얽혀서 생활하는데 신사나 절과 관련이 깊어요. 교회를 다닌다는 것은 곧 집단에서 벗어나 독자적인 생활을 한다는 것과 같아서 이질적 존재가 되는 것이죠.

일본 사회에서 왕따(이지메)는 곧 삶의 포기와 같은 가혹한 면이 있어요. 어릴 때부터 커가면서 한 번쯤은 왕따를 당하게 되지요. 조직 사회에서 왕따가 없는 경우란 드물지요. 왕따를 당하지 않기 위해 모두가 눈치를 보거나 의식하며 사는 것 같아요.

21 찬송가

찬송가를 찬미가(讃美歌)라고 하지요. 가사가 4절로 된 것이 많은데 어쩌다가 다른 절의 가사로 잘못 부르는 경우가 있어요. 그래서 가사의 짝수 절의 구절의 끝과 시작에 연결 표시를 해 놓았어요. 둘째 구절의 끝과 연결되는 처음에 검은 화살표시를 해 놓고 넷째 구절의 끝과 연결되는 시작되는 곳에는 속빈 화살표를 그려 놓았어요.

찬송가를 반주할 사람이 부족하여 '힘 플레이어'라는 반주기를 이용하는 곳이 늘고 있어요. 그랜드 피아노, 파이프 오르간 등의 악기가 놀고 있는 현실이지요. 예배 중에 찬송가는 일어서서 불러요. 몸이 불편해서 일어설 수 없는 사람은 앉은 채로 부르기도 해요.

22 교회의 성찬식

교회의 성찬식 빵 조각을 세례자에게 모두 배분해요. 누가복음 22장 19절 말씀에 따라 '아멘'을 신호로 일제히 입에 넣지요. 포도주도 잔에 모두 배분한 뒤 목사님의 '아멘'을 신호로 동시에 마시죠. 동시에 행한다는 것에서 모두가 하나가 된다고 생각해요.

23 부처님을 보는 데도 공짜는 없다

교토 시내에는 신사가 1,500개, 절이 1,500개가 있다는 속설이 있을 정도로 절과 신사가 많아요. 정월과 추석, 연말연시, 장례, 제삿날에는 스님들이 스쿠터를 타고 바쁘게 다니지요. 스님은 결혼을 하여 가정을 갖기도 하고 때로는 절을 상속하여 대를 잇는 경우도 있지요. 교토의 절에 가서 부처를 참배하려면 최소 200~300엔 정도 배관료(拜觀料)를 내야 해요. 물론 참배를 할 때에 차(茶)와 과자를 내주는 경우가 대부분이죠. 나라(奈良)에 있는 절의 보물, 국보급의 부처인 경우 몇 천 엔씩 하는 경우도 있어요.

24 지장보살

붉은 천의 턱받이를 한 지장보살이 곳곳에 보이네요. 원래 지장보살은 중생을 구원하는 지옥세계의 부처지요. 민간신앙과 결부되어 간략화된 돌조각상이에요. 일본 사람들은 주로 '미즈코지조(水子地藏)'라고 불러요. 여행객의 무사 안녕과 아이들의 성장을 위하는 보살이라고 해요. 제물을 놓거나 물을 떠 놓고 합장기도를 해요. 이 세상에 출생하지 못한 태아의 혼을 달래는 것에서 유래되었다고 해요.

옛날에는 아이들이 많이 죽었지요. 또 지나는 과객의 안전이 보장되지 못했어요. 지장보살은 그 옛날 사회의 흔적이지요. 그 액땜과 아이의 성장을 기원하기 위해 만들기 시작한 거예요. 마을의 역사가 오래된 곳이나 노인이 많이 사는 곳에 특히 많아요.

25 나라(奈良) 동대사의 대불

동대사의 철대불(鐵大佛)은 약 15m의 좌불로서 일본 최대의 불상이지요. 컴퓨터 그래픽으로 이 불상과 신칸센이 도쿄까지 경주를 했더니 철대불이 먼저 도착한다고 해요. 대불상 하나로 동대사 주변의 상권이 활성화된다 하여 '대불상법'이란 말이 있지요.

금당 안의 기둥 하나에 구멍을 내었어요. 어린아이가 그곳을 통과하면 야뇨증이 없어지고 액막이를 할 수 있다고 해요. 젊은 여성은 비만측정 도구로 쓰네요.

초·중·고 수학여행에서 빠지지 않는 두 곳이 있어요. 히로시마와 교토(나라 포함)에요. 교토와 나라의 거리는 약 40㎞ 정도 떨어져 있고 40~50분 정도 걸리지요. 교토는 지형이 분지라서 유적물이 밀집되어 있어요. 나라는 평탄한 지형으로 유적의 분포가 넓게 분산되어 있어요. 중·고교생의 수학여행에서는 단체를 숙소까지만 인솔하지요. 현장에서는 삼삼오오 모임별로 계획을 세워 돌아다니게 해요. 학생 관광은 자연히 교토 중심의 경향을 띠지요. 나라는 나이 든 사람들의 관광지로 인식되고 있어요.

26 신사참배 순서

일제시대 신사참배의 강요를 생각하면 가슴이 아프지요. 일본 문화의 하나로 생각해서 참배순서를 알아보았어요. 신사에 들어오면 손을 씻어요(御水洗). 오른손으로 물바가지를 들어 왼손을 씻고 반대로 왼손을 씻어요. 왼손 바닥으로 물을 받아 입을 헹구네요. 다음에는 2배 2박수 1배(二拜 二拍手 一拜)*를 해요.

그 외에 소원을 비는 방법으로는 나무조각(繪馬)이나 종이에 소원을 써서 매다는 것도 있어요.

* 가벼운 목례, 새전(賽錢)상자에 돈 넣기, 방울 흔들기, 두 번의 절, 두 번 손뼉 치기, 한 번 절하기, 물러나서 목례를 말한다.

전쟁의 냄새

27 1941년 12월 7일

미국 사람들은 일본을 이야기할 때 진주만 공격을 잊지 말자고 하지요. 일본인들은 진주만 공격을 시작으로 결국 미국에게 패배한 것을 잊지 말자고 해요. 진주만 공격을 실패로 보고 이유를 알아보는 것에 관심이 많지요. 관련 영화도 많고 소설도 많아요. 12월 7일 전후에는 매스컴에서 진주만 관련 태평양 전쟁 비화나 패널을 등장시켜 공습의 인과 관계 등을 보도하지요. 일부 우익 진영에서는 태평양 전쟁은 일본으로서는 어쩔 수 없는 선택이었다는 주장을 하지요. 실패냐 성공이냐에 대한 평가도 곁들이면서요. 과거를 회상하면서 패전국민으로서 응어리를 풀려고 하는 부분도 있는 것 같아요.

28 8월

8월 15일을 종전일(終戰日)이라고 부르지요. 매년 7월 중순이 되면 전쟁과 원폭, 피폭의 참상 등을 매스컴에 보도하기 시작해요. 일본 사람 중 8월 6일과 8월 9일을 모르는 이는 없어요. 히로시마와 나가사키의 원폭 투하 날이지요.

29 야마모토 이소로쿠(山本五十六)

'야마모토 이소로쿠'라는 인물이 있었지요. 그를 모르는 일본 사람은 없을 거예요. 연합함대 사령장관이 되어 진주만 공격을 행한 사람이에요. 미국에서 무관 생활을 오랫동안 했어요. 미국을 잘 아는 그는 미국과의 대전을 피할 것을 군부에 주장했어요. 군부는 친미파인 그에게 해군 사령장관직을 임명하지요. "다수가 잘못된 길로 가는 것을 막을 수 없다. 같은 배를 탄 나의 길은 내 뜻을 꺾고 함께 가야 한다"고 말해요. 진주만 공격 계획을 세우지요. 제로 전투기와 어뢰를 개량하고 선제 기습 공격을 감행하였지요. 그는 '남자의 수행(男の修行)'**이란 제목의 말을 남겼어요. 오늘날 교육, 경영, 지도자 육성, 경찰, 보안, 자위대와 관련하여 많이 인용돼요.

** 해 보이고, 말해보고, 하도록 해 보고, 칭찬하지 않으면 사람은 움직이지 않는다. 서로 이야기를 나누고, 귀를 기울이고, 인정하고, 맡기지 않으면 사람은 키워지지 않는다. 하고 있는 모습을 고마운 마음으로 지켜보고 신뢰하지 않으면 사람은 열매를 맺지 않는다. 괴로울 때도 있을 것이다. 말로 토로하고 싶을 때도 있을 것이다. 불만도 있을 것이다. 화가 치밀 때도 있을 것이다. 눈물이 날 때도 있을 것이다. 이것들을 꾹 누르고 나아가는 것이 남자의 수행인 것이다.

30 태평양 전쟁은 아직도

해군기

1. 수학여행 코스에 히로시마는 반드시 들어가지요. 히로시마는 옛날 해군의 병참기지였지요. 히로시마 원폭 투하일인 8월 6일과 나가사키 원폭 투하일인 8월 9일에는 기념식과 묵도를 실시하지요. 초·중·고 국어 교과서에는 태평양 전쟁과 관련된 글이 한 단원 이상 실려 있어요. 관련 동화나 그림책도 적지 않아요. 8월 한 달은 영화, 만화, 소설, TV 시사토론 등 어느 분야나 전쟁과 관련된 것을 다루어요.
2. 전쟁 경험자가 고령화되고 있어요. 전쟁의 아픔이 기억에서 멀어지는 것을 걱정하고 있네요. 인류 최초의 원폭 피해자라는 의식을 갖게 하지요. 우익의 논객들이 전쟁을 일으킨 당위성을 강변하지요. 세계사의 흐름과 궁지에 몰린 처지를 이유로 들면서 말이에요. 8월이면 항상 듣게 되는 말이 있어요. 야마토(大和) 정신, 전함 야마토, 사무라이 정신, 가미카제 특공대, 대동아 전쟁, 우국충정, 제로 전투기, 천황폐하, 러일 전쟁, 북방 4개 섬, 만세, 진주만 공습, 오키나와 전투, 유리히메 학도병, 핵폭탄, 헌법9조, 옥쇄방송, 평화, 남태평양, 사이판, 중일 전쟁, 만주사변, 도죠 히데키(東條英機), 야마모토 이소로쿠(山本五十六) 등이에요.

大和
야마토 전함

재난과
안전의 냄새

31 안전의식

물결치는 인파 속에서도 신체접촉이 없이 지나쳐요. 운전을 할 때 좁은 통행로에서 마주치게 되면 양보한다는 뜻으로 헤드라이트를 점멸하여 양보 신호를 보내요. 신호등이 없는 도로에서 길을 건너려고 기다리는 사람을 보고 한쪽의 차량이 멈추면 마주 오던 대향차도 멈추어 안전하게 보행자에게 길을 내주는 경우도 많아요.

도로공사를 할 때 공사알림표시가 '멀찌감치' 떨어진 앞에 '여러' 개의 예고 팻말을 설치해요. 보행자 간, 자전거 간, 차량 간의 교차 통행에서 교차구간을 길게 두어요. 자전거는 차도 이용이 원칙이나 위험하기에 거의 인도로 통행을 해요. 인도나 차도의 폭이 좁아서 양보를 먼저 하지 않으면 오히려 위험하고 더디게 돼요. 지하철 실내 폭도 좁아서 다리를 오므려 앉지 않으면 남에게 폐가 되지요.

32 발염통(自動車用緊急保安炎筒)

일본 국내 차량에는 운전석 또는 조수석 발 주변에 빨간 발염통(發炎筒)이 붙어 있어요. 정식 명칭은 자동차용 긴급보안염통(自動車用緊急保安炎筒)이에요. 주로 자동차나 선박 등에 장착되어 있어요. 가늘고 긴 대나무 한 마디 정도의 크기와 모양이에요.

고장이나 사고 등의 긴급 시 본선 차량, 노견 정차에 대해 후속 차에 대해 위험, 장애 등을 알릴 때 써요. 불꽃을 내며 신호하는 방식이에요. 도로 작업, 해상 신호(선박용)에 쓰기도 해요. 600°C 이상의 고온에서 자연 발화할 수 있어요. 발연 시간은 5분 이상이고, 색깔은 적색이며, 광도는 160cd 이상이에요. 건전지형, 착화형 등이 있어요.

물론 차량 고장이나 사고에 삼각대 설치는 기본이지요. 발염통은 손에 들거나 바닥에 놓아 사용해요.

33 기관사 징벌 연수

2005년 4월 25일, JR 후쿠시야마선 전철 탈선사고(효고현 아마가사키 탈선사고라고도 해요)가 일어났어요. 승객과 승무원 107명이 사망했고 562명이 부상을 입었어요. 사고 원인은 젊은 기관사가 지난 역에서의 정차 구간 지연 시간을 만회하기 위해 곡선 구간을 과속 운행하여 탈선한 것으로 보고 있어요.

알려진 바에 의하면 기관사의 징벌 연수는 인간적 모멸감을 주는 가혹한 연수라고 해요. 노트 베껴 쓰기, 반성문 쓰기, 철도 노선 주변의 제초 작업, 청소와 꾸지람 등 가혹하고 비인격적 모독을 수반하는 연수를 받게 된다고 해요. 이를 두려워한 기관사가 곡선 구간의 안전 운행을 무시하고 과속한 것이 아닐까 하는 결론을 내었어요.

JR은 원래는 일본 국유철도였으나 현재는 민영화가 되었지요. 구역이 너무 방대해서 동일본JR, 서일본JR, 북해도JR, 동해안JR, 시코쿠JR, 큐슈JR 등으로 나뉘어져 있어요.

34 대구 지하철 사고

관심 많고 예민한 사항 중의 하나가 자동차, 전철 사고에요. 2003년 2월 18일 대구 지하철 사고가 일본에 연일 보도되었어요. 매스컴에서는 각 전철·지하철 회사가 재난 대비 시설 점검과 훈련을 실시한다고 보도했어요.

한국에서는 의자의 천에 불이 붙어서 나오는 유독 가스에 대한 대책으로 알루미늄 철제 의자로 대체하는 방안을 발표했어요. 여기에 대해 일본 TV에서 시트커버의 가연성 여부를 시험하는 장면을 내보이며 안전성을 어필했지요. 또한 지하철 재난 시의 대피, 행동 요령지를 배포했어요.

시각장애자나 비시각장애인 모두가 자신의 탑승 위치를 쉽게 확인할 수 있도록 쉬운 표로 만들어 부착했어요. 점자(點字)와 묵자(墨子) 겸용으로 도형화시킨 표식이에요. 스크린 도어가 있는 곳에서는 타기 전의 승차장 좌·우 양측에 부착하여 시각장애자가 찾기 쉬워요. 전철 안에서는 도어 좌·우측에 붙여서 타고 난 후에도 자신의 승하차 위치를 알 수 있어요. (우리나라에서는 '이 차량의 번호는 ○○○○○번입니다'란 종이가 부착되었더군요.)

35 전철 의자

전철 출입구와 의자 사이의 공간이 약 30㎝ 정도 벌어져 있어서 출입구에 사람이 서 있어도 승하차 시 신체 접촉이 일어나지 않아요. 러시아워 시간대에는 출입구의 횡렬식 의자를 수납식 좌석으로 바꾸어 보조좌석으로 활용하기도 해요. 2인 이상의 횡렬 좌석이 수납식으로 된 곳은 휠체어 등을 수용할 수 있는 공간으로 활용되기도 하지요.

시트 또는 등받이 색을 달리해서 좌석을 구분해 놓고 있어요. 좌석 열 배치는 2+3, 3+3, 2+1, 1+1, 듀얼 시트 등 다양해요. 좌석 폭은 400㎜였는데 430㎜로, 최근에는 450~480㎜ 정도로 넓어졌어요. 한국의 대구 지하철 사고 이후 시트의 재료에 대한 관심이 커졌어요.

36 자동차 선팅

가시광선투과율 70% 미만

차량의 선팅(필름 부착)은 자유이나 전면과 운전석·조수석의 3면 유리창엔 선팅을 할 수 없어요. 이 3면이 진하게 선팅될 경우 범칙금이 부과돼요. 원상회복 후 경찰서의 확인을 받아야 하지요.

깡패(야쿠자)나 불량 청년(양키족이라고 함)들이 고급차, 특히 검은색 벤츠를 진하게 선팅하고 다니는 경우가 많아서 검은색 벤츠에 대한 인상이 그다지 좋지 않아요. 그래서 선팅차는 야쿠자의 차라는 인상을 주지요. 고급차의 선팅이 녹색이나 청색을 띠고 있는 경우라도 가시광선 투과율 70%는 지키고 있어요.

37 무언(無言)의 보행규칙

자전거가 인도로 많이 다니는데 자전거의 앞뒤 보조 의자에 아이를 태우고 다녀요. 자전거를 탄 고령자, 지팡이를 짚은 사람, 보조 끌개나 전동 휠체어, 유모차를 끄는 사람 등이 좁은 인도에서 서로 조심하여 다녀요. 남녀가 손을 잡거나 팔짱을 끼고 다니지 않아요. 마주 오는 사람과 몸이 닿지 않도록 미리미리 양보하여 지나가지요. 동성끼리는 손을 잡지 않고 다녀요. 동성연애자로 오해할 수 있지요.

항상 뒤에 누군가가 옆을 지나갈 수 있도록 의식하고 다녀요. 도쿄의 어느 구(區)에서는 흡연보행을 금지하여 단속반이 수시 순찰하며 적발하고 있지요. 손에 든 담뱃불로 인해서 행인들 사이에 사고가 있었던 것이 계기가 되었지요. 좌측통행이 원칙이나 안전을 위해 우측통행을 해야 할 곳에는 '이곳은 우측통행'이란 팻말을 걸기도 하지요.

38 지진과 노래

2011년 3월 11일에 동일본 대지진이 일어난 후 '꽃은 핀다(花は咲く)'라는 부흥가가 NHK방송에 자주 나와요. 1995년 1월 17일의 고베(神戸) 대지진 때에는 '고베여 힘내라'라는 구호운동이 일었지요. '행복이 오기를', '그리고 고베'란 노래가 방송에 자주 흘러나왔어요.

39 운동장 펜스

초·중·고등학교의 운동장은 펜스를 쳐 놓아서 함부로 들어갈 수 없게 되어 있어요. 철 지주로 방호네트(그물 또는 철망)를 쳐서 교실처럼 교육시간 외에는 쉽게 들어갈 수 없게 되어 있어요. 학교 교정 정비(설계, 공사) 기준에 의하면 방구(防球)네트 높이가 초등학교는 11m, 중등은 14m 이상이에요. 최대 14.9m을 넘지 못해요. 운동장 밖으로 축구공이나 야구공이 넘어가서 통행인, 자전거, 자동차 등에 부딪혀 사고가 나지 않도록 네트 높이 기준이 높게 되어 있어요. 학교의 상징은 대형 시계, 운동장을 둘러싼 네트, 체육관 겸 강당의 건물이라고 할 수 있지요.

40 NHK의 사망자와 유족을 배려한 보도에 대해

지인이 메일로 재난 재해 주관 방송사 NHK의 특징을 보내주었네요.

코베(神戸) 대지진(1995. 1. 17.), 동일본 대지진(2011. 3. 11.)을 보고

1. 진행자의 옷차림, 용모가 평범하다.
2. 아나운서는 조용조용히, 현지 리포터는 사무적으로 차분히 말한다.
3. 울부짖는 사람의 영상을 보여주지 않는다. 사망자 유족과의 인터뷰는 하지 않는다. 시신이나 관을 보여주지 않는다.
4. 사망자의 통계를 보수적으로 잡고, 행방불명자와 구분한다.
5. 피해 실태, 구조 현황을 상세히 보도하고 정부의 조치나 발표를 충실히 전한다.
6. 대처가 늦어진다는 불평, 남을 탓하는 보도를 하지 않는다.
7. 사태를 진정시키는 분위기로 진행하고 아수라장, 쑥대밭, 유령도시 같은 극단적 표현을 하지 않는다.

41 소방서

일본의 화재 및 응급 구조 번호는 119로 한국과 같아요. 119에 연락하는 방법에 대해서는 구청의 생활정보지, 학교교육 등을 통해 알려줘요. 먼저 당황하지 말고 다이얼을 정확히 돌려요. 장소를 구체적으로 동과 번지까지 말해요. 현재 상황을 말하는데 '○○가 불타고 있다. ○○가 어떻다'라고 해요. 마지막으로 연락을 하는 자신을 아무개라고 하고 전화번호를 말하도록 지도하지요.

소방대원들이 기관, 회사, 유치원, 학교 등에 와서 소방 점검과 피난 훈련, 소방서 견학, 출장 견학 등을 실시해요.

소방서 앞을 지나다 보면 평상시 끊임없이 훈련하는 모습을 볼 수 있어요. 소방서 앞에는 도로의 일정 부분까지 노란 빗금이 그어져 있어요. 차량이 정차할 수 없고 물건도 잠시 놓아둘 수 없는 절대 금지 구역이지요.

재해가 많은 때문인지 시민들은 소방서에 관심이 많고 보수를 떠나서 시민들로부터 사랑받는 직업이라는 인상이에요. 또한 봉사대인 주민 자치 소방대가 활성화되어 있지요.

42 공사장의 무인 이동 신호기와 가드레일 받침대

행사, 공사, 건축 등에서 안전 요원을 많이 볼 수 있어요. 작은 공사에도 슈퍼 주차장에도 배치되어 있어 보행자와 차량을 안전하게 유도하지요.

도로 보수 공사를 하느라 한쪽 차선으로 다녀야 할 때는 깃발을 흔드는 사람을 대신해 무인 이동 신호기가 설치되곤 해요. 도로 공사를 할 때는 쇠파이프로 된 임시 가드레일을 설치하는데, 두 개의 구멍이 난 주황색의 플라스틱의 받침대를 이용해요. 주황색 받침대의 꼭지 부분을 키티짱, 호랑이, 사슴, 개구리 등 재미있는 동물의 장식으로 만든 것도 있어요.

지방자치단체의 특징이나 특산물을 상징한 문양으로 맨홀 뚜껑을 장식하기도 하죠.

43 수도꼭지

수도꼭지의 레버 중 어떤 것은 내리면 물이 그치고 어떤 것은 올리면 물이 안 나오는 것이 있지요. 고베 대지진 이후에 일본공업표준조사회에서는 2000년 이후 생산되는 것은 레버를 내리면 수돗물이 그치게 하는 것으로 통일했어요. 지진이 잦다 보니 물건의 낙하로 인하여 물이 나오는 일을 금하게 하기 위한 것이라는 도시 전설이 있어요.

44 도난

슈퍼마켓이나 쇼핑몰에서는 물건을 훔치는 도둑질(만비키: 万引き)이 일어나요. 반면 재난이 일어난 곳에서는 구호물자나 빈집, 주인 없는 물건이 널려 있는데 도둑질이 일어나지 않죠. 어째서일까요?

45 헬멧

헬멧은 열심히 일한다는 인상을 주지요. 오토바이 탄 사람, 경찰관, 소방관, 공사장에서 일하는 사람은 반드시 헬멧을 써요. 헬멧을 쓰지 않고 오토바이를 타면 순식간에 경찰관이 출동하여 적발하지요. 자전거에 어린이를 태울 때도, 어린이가 두발 자전거를 탈 때도 안전하게 헬멧을 쓰게 하지요.

46 굉장한 근성(根性)의 무

고베 대지진 10년 후인 2005년, 이런 일이 있었어요. 보도의 아스팔트 노면 위로 10㎝가량 머리를 내민 직경 5㎝ 정도의 무가 발견되었어요. 언론에서 그 생명력에 대해 대대적인 보도를 했어요. 국민적 인기가 있었지요. 얼마 있다가 누군가가 발로 차 버렸어요. 구청에서 잘려진 무를 수경재배했어요. 캐릭터도 만들었네요. 마스코트로 하여 과자도 만들었어요. 씰, 인형, 보도블록 문양으로도 만들었지요.

47 국민의 관심사

천재지변에 의한 재해에 관심이 커요. 지진, 해일, 화재, 홍수, 태풍이 워낙 잦아요. 뉴스 전달의 최우선 순위지요. 두 번째는 국가 안보와 관련된 것이에요. 전쟁, 북한의 핵, 주변국의 군사적 행동, 미군의 기지 문제 등에 예민한 반응을 보여요. 세 번째는 자신의 소득이나 가정 경제와 관련된 사항이에요. 사회보장, 연금, 소비세, 세금 문제 등 자신의 주머니에 직접적인 영향을 주는 것들이죠.

48 소화기 점검

교토의 길거리는 각종 표어로 넘쳐나요. 교통사고와 불조심에 관한 것들이지요.

교토는 도로 교통의 대부분이 버스나 자동차, 자전거를 이용해요. 목조 주택과 문화재가 많이 남아서 교통사고 조심, 과속 조심, 불조심과 관련된 표어투성이에요.

내가 살고 있던 맨션은 100가구가 넘게 살아요. 1년에 1번은 소방안전점검을 실시해요. 소방서에서 소방 호스차를 타고 소방대원들이 나와요. 비상 방화수 점검도 하고 화재 시 사용하는 호스를 꺼내어 실제로 물을 틀어 보면서 수압을 점검해요.

가스 안전 기관에서는 두 명 이상이 나와요. 한 사람은 신체장애자이네요. 소화기의 상태를 점검하고, 점검 날짜와 확인자 서명을 하네요. 소화기를 깨끗이 닦아 놓아요. 천장의 경보 장치를 점검하는 기구를 보면 조잡한 느낌이 드네요. 1회용 가스라이터를 긴 막대기 끝에 매고 끈을 매어 잡아당기면 라이터 가스가 나오네요. 이것을 경보 장치에 가까이 대어 봐요. 파란색의 경보 불빛이 빨간색의 빛으로 바뀌면서 '삐삐' 하고 소리가 나면 경보 장치의 이상 유무가 끝나요. 하나하나 체크리스트에 기록을 해요. 점검하기 전에 건물 도면을 준비하네요. 각 가정의 점검 희망일자를 조사했어요. 아파트 관리실 앞에 붙여진 희망 조사서 용지에 ○, × 표시를 하지요.

돈의 냄새

49 파친코, 미끼상품

설날을 위해 세뱃돈(오토시타마: お年玉)을 신권으로 준비해요. 우편 연하 엽서에 세뱃돈 추첨번호가 있어요. 세뱃돈을 겨냥하여 신학기 대비용 학용품을 할인하죠.

연말연시의 보너스를 겨냥하여 파친코는 대박 난다는 선전을 하며 손님 몰이 작전에 들어가요. 파친코의 좋은 자리를 차지하기 위해 새해 벽두부터 개점시간을 기다리느라 장사진을 치네요. 남녀노소 구분 없이 늘어선 행렬을 보면 도박이라도 오직 돈만 벌면 된다는 차가운 자본주의 속성이 보이네요.

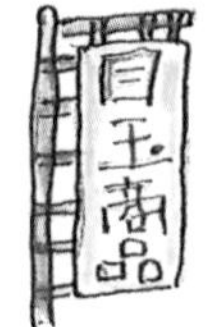

동네 가게, 슈퍼, 백화점 등에서는 주부를 상대로 미끼상품(메다마 상품: 目玉 商品, 예를 들어 1,000엔 이상 구매 시 티슈 1통 1엔 하는 식)을 연일 바꾸지요. “자, 지금부터 1시간 동안 타임서비스입니다. 전부 50% 세일입니다!”, “한정 상품입니다!” 등의 말로 호객 선전을 해요.

50 고령자, 세시풍속

고령자를 위한 가전제품이나 휴대폰, 컴퓨터, 자동차 등은 간단한 조작을 위해 글씨를 크게 하네요. 노부부나 독거노인, 독신자를 대상으로 슈퍼마켓에서 극소량, 간단 조리 식품을 많이 팔아요. 건강 제품이 많고, 정골원(整骨院), 마사지숍, 양로원, 요양병원이 늘고 있어요.

백중일(오츄겐: お中元), 세모(오세보: お歳暮)의 시기에 선물을 주고받는 문화를 상품매출의 최대 기회로 삼아요. 돌, 시치고산(七五三: 3, 5, 7세) 나이의 기념일, 어린이날, 발렌타이 데이, 화이트 데이, 경로의 날, 어머니날, 아버지날 등 신(新) 세시풍속 행사를 기회로 생각해요. 교회나 성당이 거의 없는데도 크리스마스이브에는 크리스마스 케이크가 불티나게 팔리기도 하지요.

51 상업정신

장사는 감동을 주는 것이다.

— 마츠시다 고노스케

'장사는 포기하지 않는 것. 해서 되지 않는 것이 없고, 해 보지 않고 될 리는 없다. 장사는 10년 하면 3년 손해, 5년 하면 그럭저럭이요, 버는 것은 2년이다', '장사의 시작과 성공은 서비스에서 결정 난다'는 말이 있어요. 손님에 대해 사용하는 언어에 극존칭을 사용해요. 아르바이트생, 계약직원, 신입사원 교육의 핵심은 언어 지도로 시작해요.

'알겠습니다'라는 말에는 여러 가지 표현법이 있으나 손님에게 쓸 때에는 '무릎 꿇고 받겠습니다', '황송합니다', '삼가 명을 받겠습니다'로 직역할 수 있는 말인, '카시코마리마시타(かしこまりました)'를 꼭 쓰지요.

52 복장

장사를 할 때에는 먼저 복장을 갖추고 마치 무사가 싸움에 맞서는 것 같은 마음 자세를 가져요. 일반적으로 매장에서 판매하는 사람은 이마에 '머리띠(하치마키: 鉢巻)'를 두르고 '핫피(法被)'라고 부르는 옷깃에 줄무늬가 있는 옷을 입고 손님을 대해요.

'어서오세요(이랏샤이마세)', '매번 감사합니다(마이도)', '부담 없이 와 보세요(키가루이도조)'를 연방 외쳐요.

건설 공사장 인부의 전형적 복장은 머리에는 헬멧, 팔에는 토시, 다리에는 각반을 착용한 상태예요. 각반은 '고토기(ゴト着, 鳶着)'라고 하는 바지 가랑이가 넓게 퍼진 작업복이에요. '지카다비(地下足袋)'라는 작업화를 신고 연장벨트를 차고 있지요. 청소나 요리할 때에도 용도에 맞게 모자를 쓰고 복장을 갖춘 뒤 일하는 모습은 기본이에요.

53 거스름돈 건네기 1

소비세가 1989년에는 3%, 1997년에는 5%, 2014년에는 8%로 올랐어요. 물건을 살 때 소비세를 같이 내야 하기 때문에 동전 없이는 상거래가 이루어지지 않아요. 예를 들어 100엔짜리 물건을 사면 108엔을 지불해야 되니까 동전이 필요하게 되지요. 1, 5, 10, 50, 100, 500엔의 주화가 있어요. 한때 우리나라의 500원 주화가 일본의 일부 자판기에 통용이 된 적이 있어서 500엔 주화의 모양이 바뀌었지요. 지폐는 1,000엔, 2,000엔, 5,000엔, 10,000엔 권이 있으나 2,000엔 권은 거의 볼 수가 없어요.

거스름돈은 이렇게 건네지요.

1. 손님의 손을 만지지 않도록 할 것
2. 두 손으로 정중히 건넬 것
3. 동전을 떨어뜨리듯 건네지 말 것
4. 영수증 위에 동전을 가지런히 놓고 영수증이 긴 경우는 접어서 건넬 것
5. 지폐는 액면 인물이 보이도록 하여 소리 내어 세며 건넬 것
6. 큰 액수의 지폐를 다시 제일 밑으로 차곡차곡하여 세로 방향으로 건넬 것
7. 테이크 아웃 여부를 묻는 등 손님의 입장에서 공감할 수 있는 행동을 하며 영수증을 건넬 것

54 거스름돈 건네기 2

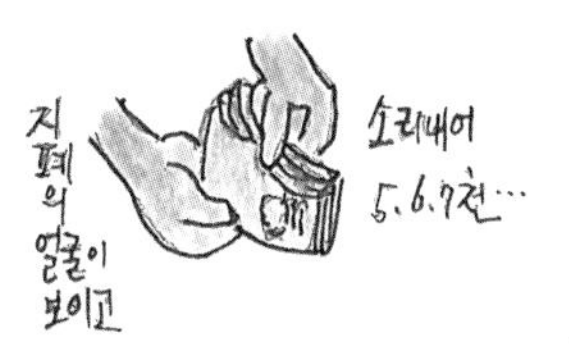

954엔 물건을 사고 1만 엔을 내었어요.

"1만 엔 맡았습니다."

5,000엔 지폐 1장과 1,000엔 지폐 4장을 앞쪽(화폐의 인물이 보이는 쪽)으로 가지런히 하여 손님 눈앞에 다시 한 번 보여줘요.

"5,000엔이 하나, 1,000엔이 하나, 둘, 셋, 넷 우선 9,000엔을 건넵니다. 그리고 동전 10엔짜리 4개. 감사합니다."

5,000엔 권이 없이 1,000엔 권만으로 9장을 줘야 한다면 "1,000엔 권이라서 죄송합니다."

계산대 앞에서 물건을 하나하나 적색 바코드기 앞에서 읽혀요. "○○○ 한 개, ○○○ 두 개…" 반드시 소리 내어 가면서 계산을 하지요.

55 코쿠요와 중국산

코쿠요(KOKUYO, コクヨ)는 1905년에 창업된 문구·사무기기 분야 최대 회사예요. 간판 상품의 하나인 '캠퍼스 노트'는 1권에 약 100엔 정도 하는데 중국산의 경우는 3권에 100엔 하지요. 코쿠요는 자사의 캠퍼스 노트는 100년이 지나도 변색되거나 변질되지 않는다며

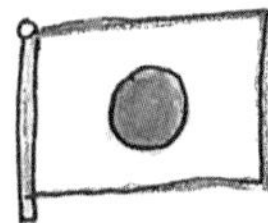

얼마 가지 못해 삭아 부스러지는 값싼 노트에 소중한 기록을 하겠냐는 말로 중국산을 겨냥한 광고에 힘을 쏟고 있어요. 모든 문구류에서 중국산과는 질적으로 다르다고 하면서 경쟁에 필사적이지요.

셀로 테이프 커트기가 코쿠요는 1,000엔이 넘는데 중국산은 100엔이에요. 모방품이지만 테이프 절단 톱니의 기능은 중국산이 코쿠요보다 좋아요. 테이프 커트기가 두 나라의 제조업 앞날을 보여주는 듯해요.

56 광고, 선전물

거리의 곳곳이 광고물로 넘쳐나서 눈이 어지럽기까지 해요. 전철의 경우에 차량 내의 지붕, 손잡이, 유리창, 차벽, 역 구내의 천정, 구내의 벤치 등받이, 역 입구 부근의 온갖 시설물에 붙어 있어요. 전단지를 받아 보기 위해 신문을 구독하는 경우까지 있을 정도로 광고 세상이에요. 광고지를 함부로 붙일 수는 없어요. 특히 전신주, 공중전화부스 등 공공장소에 광고물을 게시하는 경우는 허락을 받아야 해요.

광고의 내용에는 비용, 시간, 장소, 이용 방법 등 구체적인 것이 들어가지요. 예를 들어 신문지 속 전단지의 자동차 광고를 보면 판매처의 위치, 차종 소개, 옵션 안내, 세일 기간, 보유 차량의 처리, 차량 가격, 세금 등이 사진과 함께 인쇄되어 있어요. 또 화려해서 눈을 돌려 자세히 들여다보게 돼요. 라면 광고의 사진에 고기가 세 점이 실려 있었는데 주문해서 나온 그릇에 고기가 두 점밖에 안 나왔다고 재판을 걸었어요. 결과가 어떻게 되었을까요?

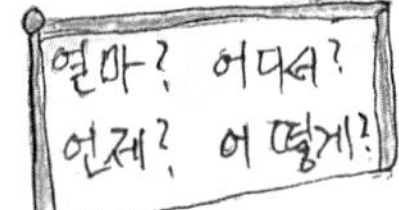

57 택시티켓

한글교실의 일본 사람에게 저녁 식사를 대접받은 적이 있어요. 만나기 전에 먼저 좋아하는 음식을 묻기에 일본의 '스시'를 좋아한다고 했어요. 오사카의 '키타신지(北新地)'라는 곳은 유흥가로 유명한 곳이에요. 작지만 오붓하게 느껴지는 스시집을 예약했더군요. 요리사(이타마에: 板前)가 손님 두 쌍을 전담하는 곳으로 예약하여 맛있게 잘 먹었어요. 식사가 끝난 후에는 가벼운 스낵바에 가서 술도 마시고 노래도 부르며 담소하는 시간을 보냈어요.

귀가할 때 택시를 불러서 행선지를 알려주고 운전사에게 티켓을 한 장 건네면서 내릴 때 사인을 하라고 해요. 동행하지 못해 미안하다며 손을 흔드네요. 집 근처에 도착하니 운전사가 조금 전의 티켓에 사인을 하라고 해요. 요금은 택시회사에서 접대자의 회사로 청구된다고 하네요.

버블경기로 접대가 빈번하던 때 접대용으로 택시티켓을 많이 사용했다고 해요.

58 장사의 나라(언어)

근무복을 입고 있는 것에 대해 자랑스럽게 생각해요. 작업복과 모자 차림으로 경차를 모는 사장은 흔하지요. 일하는 것은 곧 제복을 입는 것이라고 생각해요. 물건 값을 묻고 안 사도 고맙다고 인사하고 오히려 물어줘서 감사하다고 해요.

'장사는 손님과의 커뮤니케이션이다', '장사는 사람과의 접촉이다', '손님에게 웃음을 보이는 것이 상행위의 시작이다'라고 하네요.

'가벼운 마음으로 들어와 보아 주세요'라는 입간판을 세워 두거나 손님과 눈이 마주치면 '가벼운 마음으로 들어와 보아 주세요' 또는 '자, 부담 갖지 마시고'라고 말하지요. 손님이 '안 살 거예요'라고 하면 '안 사는 것도 장사의 하나니까 괜찮아요'라고 해요.

일이나 장사라는 것은 끊임없이 움직이는 것이라고 생각해요. 종업원도 돈을 받기 위해서는 계속 움직여야 한다고 생각해요.

59 지갑

지폐가 신권처럼 깨끗한 건 사람들이 지갑에 돈을 가지런히 넣고 다녀서 그런가 봐요. 지폐의 인물화가 같은 방향으로 오도록 정리해서 넣어요. 돈을 주고받을 때 가능한 한 지폐의 바깥과 안쪽 면을 맞추어서 주고받고 해요.

1엔, 5엔, 10엔, 50엔, 100엔, 500엔의 주화 유통이 많아서 지갑에는 주화를 넣을 수 있는 공간이 있어요. 남자용 지갑도 주화 넣는 곳이 있는 것이 많지요. 지갑이 필수 휴대품이다 보니 브랜드, 남녀용, 세대별 등 제품에 관심이 많고 시장도 크다고 봐요. 어쩌면 돈에 대한 일본인의 성격이나 취향을 잘 나타낸 것이 지갑인지도 모르겠어요.

60 신용카드

중장년 이상의 사람들은 거의 카드를 사용하지 않아요. 인터넷으로 구매하는 경우에 사용하지요. 카드처리 단말기를 갖추고 있지 않은 가게가 대부분이에요. 카드는 주로 ATM에서 현금인출, 입금, 계좌이체를 할 때 많이 써요. 은행창구에서는 비용이 더 들어요.

현금 거래로 인하여 금전의 유통을 정확히 파악하기 어려워요. 현금 수수로 인하여 자영업자의 매출매입과 소득은 자진 신고에 의존하여 과세해요. 영세 자영업자라도 3만 엔 이상의 거래에 있어서는 반드시 영수증을 발행해요.

61 돈과 손님은 신(神)

돈(오카네: お金)을 중시하고 부자는 존경의 대상(?)이라고 표현해요. 매스컴에서도 부자는 일단 성공의 대상자요, 인생의 성취자로 보아요. 사기, 도박, 부정으로 돈을 벌 수 있는 사회가 아니기에 부자가 되려면 나름의 노력과 비결이 있다고 보아요.

어렸을 때부터 돈의 소중함, 절약에 대한 교육을 중시해요. 20세의 성인이 부모로부터 경제적 자립을 하지 않으면 창피하게 생각해요. 현실적으로 취직을 목표로 하여 실업계 고교를 진학하는 경우도 많지요. 2015년도 이후 고교 졸업자의 취업률은 98% 이상을 기록하고 있어요. 혹자는 일본의 취업률이 정사원과 계약직을 다 포함하여 발표한 수치라서 내용적으로 보면 그다지 높은 것이 아니라고 하기도 하지요. 그러나 그것은 계약직을 일부러 선택하는 경우도 있다는 현실을 고려하지 않는 말이지요.

'이시타 바이칸(石田梅岩, 1685~1744)'이란 사람이 있지요. 그의 가르침에 이런 말이 있어요. "첫째, 생산성, 경제성을 도외시해도 근면은 훌륭한 것이다. 둘째, 인격이 훌륭하면 생산 활동을 부지런히 하게 된다. 셋째, 세세한 부분까지 철저히 하는 것이 인격자다. 넷째, 사치는 적이고 틀림없는 주의(主義)가 중요하다."

62 돈에 대한 생각

일간 신문이 배달되지 않아서 신문보급소에 전화를 했더니 즉시 달려왔어요. 큰 죄를 진 것처럼 사과를 하면서 신문과 비닐봉투에 5엔 주화를 넣어서 건네요. 왜 돈을 주냐니까 보급소로 전화를 했으니 전화료라네요.

'이치닌마에(一人前)'란 말을 많이 써요. 사회의 일원으로 한 사람의 역할을 한다는 뜻, 제 스스로 벌어서 자립할 수 있게 되었다는 뜻, 능력을 인정받게 되었다는 의미로 쓰지요. 사회 구성원으로서 톱니바퀴의 역할을 한다는 것, 그 보수로서 돌아오는 것이 돈(오카네: お金)이라고 해요.

정치가가 '거짓말과 금전의 부정'이 있으면 정치가로서의 생명은 끝이 나지요. 금액의 많고 적음과는 관계없이 유용, 횡령, 부정 착복이 아닌 장부 처리의 실수조차도 용서 없이 철퇴를 맞지요. 촌장, 지방 의원, 국회의원, 정가의 막후 실세의 거물이든 누구라도 용서가 없는 사회예요. 공무원 신분의 사람은 공무상 만났을 때 커피를 타 주어도 마시지 않아요.

빈부 격차의 현실은 일본 사회에서도 큰 문제이지요. 그러나 이것은 어디까지나 정치가나 매스컴에서 운운하는 소재일 뿐이에요. 개인 경제의 문제에 대해서는 냉정하지요.

63 아르바이트

딸아이는 대학 3학년이에요. K레스토랑에서 아르바이트를 하는데 급료는 조금 높은 편이에요. 매일 교육을 받고 두터운 책자를 들고 외우면서 시험을 본다고 해요. 어떤 날은 지적당해서 스트레스를 받았고 어떤 날은 칭찬받아서 기분이 좋았다는 말을 하네요. 책자의 내용을 들여다보았어요.

— 경영 이념: 개인의 성장과 회사의 발전, 사회에 공헌
— 점포 컨셉: 구조, 맛있는 요리, 기분 좋은 공간, 감동의 서비스.
— 조직도: 경영, 기획, 운영
— 소중히 해야 할 것: 10개 항(① 큰 목소리, 미소, 원기 왕성한 인사, ② 보고, 연락 등)
— 복무규칙: 일반, 출근, 옷차림, 퇴근, 퇴사, 휴무, 귀중품, 노트, 분실물 등
— 시급규정: 연수, 정식 알바, 부속리더, 구역리더, 신인 지도자, 팀 리더, 선장급
— 식사 서비스 기초: 서비스, 만남, 대화, 팀워크, with
— 접객 8대 용어: ① 어서 오세요 ② 잘 알겠습니다 ③ 잠깐만 기다리세요 등
— 언어사용: 상황, 응대 태도, 보충, 서서 행동하기, 불평대응, 하루의 흐름, 연회의 흐름, 첫 주문 등
— 음료수, 오늘의 메뉴, 주방지도(위치, 흐름도), 코스설명 등

64 전화번호

1990년부터 안내 전화 104번이 유료화되었는데 1통화에 무려 100엔!

일본어의 숫자는 여러 가지로 읽을 수가 있어요. 외국어로 배우는 사람으로는 참 불편한데 이것을 단어에 접목시켜 일본 사람들은 기억하기 쉬운 모양이에요.

1: 이치, 이, 히토츠, 히토, 아이(영어의 'I')
2: 니, 후타, 후타츠, 후, 지, 츠(영어의 'Two')
3: 산, 사, 미, 미츠
4: 욘, 요, 욧츠, 시, 호, 포(영어의 'Four')
5: 고, 커, 이, 이츠, 이츠츠
6: 로쿠, 로, 무, 뭇츠
7: 시치, 나나, 나, 나나츠
8: 하치, 하, 파, 야, 야츠, 와
9: 큐, 쿠, 코, 코코노, 코코노츠
0: 레이, 레, 제로, 나이, 와, 마루, 오(영어의 'O')

10: 토, 쥬

예를 들면 이렇게 읽어요. 금융대부업을 하는 아코무라는 회사의 번호는 0120-39-0881인데 '상큐 Oh! 하야이(早い)!'로 읽히죠. '생큐, 오! 빨라요'라는 뜻을 담고 있어요.

소니 손해보험은 0120-919919인데, '퀴크퀴크'로 읽혀서 영어의

'Quick, quick'처럼 들리죠.

국민공제는 0120-593-244인데 '고쿠민니시요(國民にしよう)'로 읽혀요. '국민공제로 해요'라는 뜻이에요.

0120는 프리 다이얼이에요.

65 가전제품 양판점(量販店)

가전제품 대형 판매점이 지천으로 널려 있어요. 디지털 카메라, 게임기, 휴대전화, 컴퓨터 등 수십만 점의 상품을 한 건물에 갖추어 놓고 고객유치 경쟁을 벌이죠. 심지어는 식품, 의료, 생활용품, 레스토랑까지 갖추어 놓고 온종일 고객이 머무를 수 있도록 변화를 꾀하고 있어요. 제품에 대해 상담을 시작하면 고객이 만족할 때까지 응대하지요.

CD, DVD가 유행할 때 CD-R, RW, DVD-RW+, DVD-RW-의 차이점에 대한 질문을 자주 받았나 봐요. 그 대답을 천장에 매달아 알기 쉽게 표시하기도 했지요. 2010년 이후 치열한 경쟁으로 메이커의 도산이 속출하기 시작했어요. 대표적인 메이커라면 '야마다, 빅크카메라, 에디온, 케이즈덴키, 요도바시카메라, 조신, 고지마' 등이 있죠.

종류	CD-R	RW	DVD-RW	RW-
차이점	X	O	O	O

66 속담과 장사

속담에 '단끼와 손끼(短氣は損氣)'란 말이 있어요. 성질을 내거나 참지 못하고 신경질내고 큰소리치면 결국 손해를 본다는 말이에요.

어른이 훈계할 때 쓰던 속담으로 일본 사람들이 사적인 감정을 죽이고 사회생활을 하는 이유의 근본이 되는 것이지요. 본심과 겉이 다르다는 일본인의 특성과 관련 있는 말이에요. 오랜 시간 걸려 쌓아 온 신용을 한순간에 잃게 되어 손해를 본다는 것이죠. 손해나 이익 같은 말은 장사의 세상에서 나오는 말 아닌가요.

67 자스코와 두부 가게

'자스코(JUSCO)'라는 것이 있는데 우리나라 이마트나 롯데마트 같은 대형쇼핑센터에요. 장소에 따라 크지 않은 규모의 것도 있어요. 약국이나 쇼핑센터 점내에 정수기를 설치하여 고객 유치를 위해 물을 제공하고 있어요. 물만이 아니라 얼음, 드라이아이스도 준비하여 상품 보존 도구로 쓸 수 있어요. 깨끗하고 깔끔하게 진열되어 항상 손님들로 북적북적해요.

이 자스코 주변에는 가게들이 많이 있어 상가와 공존하는 모습이에요. 쌀, 사탕, 두부, 꽃, 빵, 튀김, 생선, 야채, 정육점 같은 가게가 있는데 자스코에서 파는 물건과 겹쳐요.

아내는 항상 두부는 두부가게에서 사는데 거기서는 두부를 직접 만들어서 팔아요. 두부의 종류도 다양해요. 모자(母子)가 운영을 하는데 항상 웃는 모습으로 반겨 주어서 단골이 되었나 봐요. 아이들 사탕과 과자는 저 가게에서, 생선은 이 가게에서, 야채는 다른 가게에서 각각 따로 사요. 심지어 곰보빵은 일주일에 한 번 오는 트럭에서 구워 파는 것을 줄서서 기다리면서까지 쇼핑을 해요. 자스코와 공존하는 가게의 비결은 무얼까 아내에게 물어도 선뜻 대답을 못하네요.

68 자동문

손님에 대한 예의는 문(門)에서부터 시작된다고 해요. 빌딩, 택시의, 24시간 편의점, 식당, 가게, 공공기관의 문 등은 자동식 도어가 대부분이에요. 교토의 MK택시의 중·대형은 일부러 자동문을 하지 않는 경우도 있어요. 운전사가 모자를 벗어 옆구리에 낀 뒤 문을 열어주면 탑승한 뒤 호텔 도어맨이 문을 닫고 출발을 하지요.

전철의 개찰구는 승차권, 정기권을 아무렇게나 넣어도 인식하며 빨리 열려요. 승차권의 삽입구가 넓어서 정기권과 일반 승차권 등 다양한 크기와 종류에도 제한이 없어요. 이런 자동개찰구 개발의 비화가 NHK의 '프로젝트 X'라는 프로그램에 소개된 적이 있지요.

69 슈퍼마켓의 비닐 봉투

'데일리카나트'란 슈퍼마켓에서는 회원 손님에게 하루에 2병씩 무료로 생수를 주지요. 정수기에서 물을 떠 갈 수 있도록 하고 있어요. 장바구니를 사용하면 포인트를 더 적립해 주어요. 타임 서비스라 하여서 일정 시간이 되면 튀김조리식품이나 식빵, 우유, 생선 등을 값싸게 판매해요. 요일별로 싸게 파는 물건도 있어요. '메다마 상품(目玉商品: 일명 미끼 상품)'이라 하여 하나의 상품을 파격적으로 싸게 팔아요. 단, 한 사람이 일정액 이상 구매했을 때란 조건이 붙지요.

가게의 로고와 이름이 엷게 새겨진 비닐 봉투를 투명하게 하여 사람들이 산 물건이 어떤 것인지 보이게 하였어요. 다른 주부들이 그것을 보면 '아, 오늘은 저것이 싸고 좋은 모양이네' 하는 생각이 들게 된다고 하네요. 비닐 봉투 하나에도 고객을 끌기 위한 궁리가 숨어 있어요.

70 차표 영수증

교통요금을 자동화 기기에서 지불하더라도 영수증을 받을 수 있어요. 신칸센이나 리무진 버스 티켓을 사는 것부터 전자카드를 충전하는 것까지 모두 영수증을 받을 수 있죠. 영수증을 받고 싶을 때는 '영수증 있음(레이슈쇼-아리)' 스위치를 누르고, 필요 없을 때는 '영수증 없음(레이슈쇼-나시)'을 누르지요. 그런데 영수증이 너무 두꺼운 종이에 인쇄되네요.

71 선술집에서

중소기업(마치코바: 町工場) 사장들이 하루 일과를 끝내고 자주 가는 곳이 동네의 단골 선술집(이자카야: 居酒屋)이에요. 사업과 관련된 정보나 취미 생활 이야기를 나누는 장소가 되기도 하지요. 이곳에서 한잔 마시면서 술기운에 본심을 슬쩍슬쩍 드러내며 대화를 하는 거예요. 언젠가 고급 차가 화제가 되었어요. '크라운'이나 '셀시오(렉서스의 예전 국내 이름)'를 타는 사장은 이해할 수 없다고 하네요. 고급 차의 가격이면 경차를 5대 이상 살 수 있는데 그런 차를 타면서 종업원 월급은 제대로 주고 있는지 모르겠다고 하네요.

72 단골

거래처를 여간해서 바꾸지 않아요. 물건을 살 때 꼭 단골집에서만 사요. 작은 회사끼리는 물론 대기업과 중소기업 간에도 거래처를 바꾸지 않죠. 불경기 탓에 중소기업이 어렵다고 하지만 신용거래에 변화가 없는 것이 현실이지요. 소득이 줄 수는 있어도 망하는 경우는 드물다고 해요.

73 회전초밥

회전 초밥집에서는 초밥이 궤도를 3바퀴 돌아도 선택되지 않는 것은 폐기하고 있어요. '터치패널'을 설치하여 손님이 주문한 것을 선반에 올림으로써 신선한 상태의 회전 초밥이 제공되도록 하고 있어요. 이렇게 손님을 끌고 있죠.

74 장사꾼의 말

커뮤니케이션이 곧 장사라고 생각하지요. 상품을 놓고 파는 사람과 사는 사람과의 연결 고리가 대화인데 미소를 잃지 않고 말해요. 대형 가전제품 판매소에서 직원과 상담을 했어요. 고객이 만족할 때까지 3시간 4시간을 매달려서 설명과 상담을 하는 데 놀랐어요.

75 파인애플 찍개

1995년도에 일본의 슈퍼에 가서 수박을 보니 1통을 4쪽, 6쪽, 8쪽 등으로 쪼개어 팔고 있더라고요. 신기했어요.

수박, 파인애플, 파파야, 멜론 등을 깍두기 크기로 잘라서 투명플라스틱 용기에 조금씩 넣어 팔아요. 이때 집어 먹을 수 있게 찍개를 같이 넣어요.

76 식당과 아이 손님

가족회식을 하려고 아이와 함께 식당에 갔어요. 식당에서는 아이를 위한 별도의 메뉴를 준비하고 장난감이나 문방구 따위의 선물을 주어요. 식사가 나올 때까지 그림 그리기 도구나 퀴즈 문답 종이 등을 주어서 아이와 시간을 보내도록 하지요.

아이를 소중한 고객으로 대접해요. 계산을 할 때 작은 선물로 마스코트나 사탕 등을 주지요. 식당의 계산대 부근에는 인형, 과자, 로봇 장난감, 미니어처 자동차, 기차 등을 전시하여 아이의 구매욕을 부추기지요.

77 사원교육의 예

주유소 사장도 기름 묻은 작업복을 입고 아르바이트생들과 똑같이 일해요. 주유소 아르바이트생이 교육을 받는 모습을 보았어요.

화재 안전, 차량 유도 시의 안전, 손님에게 말을 거는 데 있어서 사용하는 용어 하나하나를 매섭게 지도해요. 본인이 사용하는 단어가 손님에게 어떤 느낌을 주는가를 설명하며 몇 번이고 반복시키고 스스로 손님의 기분을 맞출 수 있는 용어를 찾아내게 하네요. 차량의 크기에 따라서 운전자의 위치가 다르니까 고객과의 눈높이를 어느 정도로 해야 좋을지도 알게 하네요. 실습하는 모습을 체크리스트에 기록하면서 훈련을 시키네요. 연료를 주유할 때도 주입구에 상처가 나거나 소리가 나지 않게 헝겊을 받쳐서 대고 주유를 하도록 해요. 유리창을 닦을 때도 부드럽게 걸레질을 하라고 해요. 다 닦은 뒤에는 완료되었음을 혼잣말로라도 하게 해요.

고객이 주유소에 들어오는데 직원이 앉아서 기다릴 수가 없다고 주의를 주어요. 정식 직원도 근무 중에 앉아 있지 못해요. 휴게실에서 앉아서 쉴 수 있어요.

일의 냄새

78 에어컨 배선과 인천공항 소변기 선반

일본의 집, 절 등의 건축물은 직선적이에요. 곡선의 아름다움에 젖은 한국인의 눈에는 딱딱한 느낌이 들어요. 에어컨의 배선이나 전깃줄도 직각, 직선으로 해요. 배선이 늘어지고 꾸불꾸불한 것은 잘못된 공사라고 생각하죠.

인천국제공항이 완성되어 다녀왔다는 일본인을 만났어요. 소감을 물어 보았어요. 간사이 공항과는 비교가 안 될 정도라고 해요. 멋있고 규모도 크다고 칭찬해요. 그런데 소변기 위의 선반대가 일직선이 아니라 중간에 층져서 어긋난 것이 눈에 거슬린다 해요.

끝맺음을 잘해야 한다는 의식을 가진 일본인의 눈으로 보고 온 것 같아요.

79 시선(視線)

공무원을 보는 국민의 시선은 무서울 정도로 '따갑고' 쇼핑, 상가의 상인들의 시선은 '뜨겁다'라는 말이 있어요. 점원과 고객의 보이지 않는 시선 교환은 쩐(錢)의 전쟁터의 화살 같은 느낌이에요.

고객에게 부담을 주지 않게 안 보는 것 같으면서도 항상 준비하는 태도로 보고 있어요. 머뭇거리는 손님을 보면 다가와 대응하지요. '고객의 시선에 맞춘다', '시선을 잡는다'는 말이 있어요. 추리, 탐정 관련의 영화나 드라마, 소설, 만화 속에서도 시선을 소재로 한 것을 많이 보아요.

80 일본 냄새 나는 상품

1. 야외 레저 비닐 시트를 샀어요. 네 귀퉁이에 구멍이 있고 바람에 날려가지 않도록 하기 위한 플라스틱 핀도 세트로 들어 있어요. 서랍 손잡이를 샀는데 나사못은 두께를 고려해서 길고 짧은 것 두 종류가 들어 있어요. 셔츠와 팬티를 샀는데 상품 라벨이 피부에 닿아 껄끄럽지 않도록 치수가 옷에 인쇄되어 있어요. 세탁기에 사용하는 계량컵이 눈에 쉽게 보이게 표시되어 있어요. 계량컵이나 안내표를 자세히 보지 않아도 그림으로 바로 알 수 있도록 그림문자화되어 있어요.

2. 액상 스프나 알루미늄 비닐 봉투를 뜯을 때 표시가 되어 있거나 조금 잘라 놓아서 뜯기 쉽게 되어 있어요. 이것을 '키리구치(切り口)' 또는 '키리메(切り目)'라고 해요. 식품을 포장하는데 쓰는 랩은 끊을 때 대부분 잘 끊어지지 않아요. 그런데 '사랑랩' 제품은 손가락을 눌러서 당기면 칼로 자르듯이 한순간에 잘라져요. 주어진 수치나 용량을 알기 쉽게 한 것이 있는가 하면 정확히 해야 하는 수치나 용량에 민감해요. 생활에 편리한 물건이 많고 설명서가 알기 쉽게 되어 있어요. 뜨거운 물을 부어서 먹는 1회용 액상 된장국이 있어요. 간단히 만들어 먹을 수 있어요. 두부, 미역, 조개, 파 등의 다양한 종류로 나와 있지

요. 충북에서 파견 온 강교장이 이렇게 말하네요. 일본 절임 식품 중 '다쿠앙'의 매상이 8위인데 '김치' 매상이 2위인 것을 아느냐고요. '배추김치', '오이김치' 밖에 모르는 일본사람들에게 100가지가 넘는 김치 종류를 맛보게 하고 싶네요. 손쉽게 먹을 수 있게 상품화해서 말이지요.

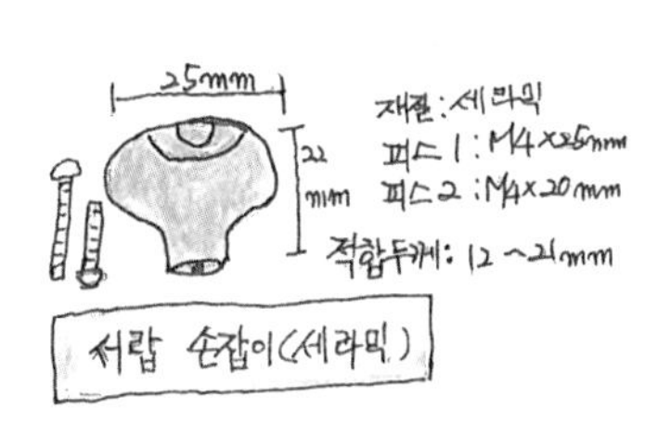

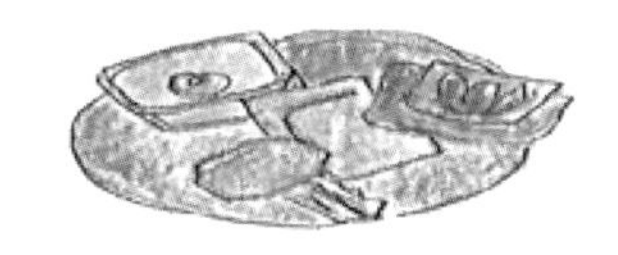

81 일하는 모습

긴키 지역은 오사카(大阪)부, 교토(京都)부, 효고(兵庫)현, 나라(奈良)현, 와카야마(和歌山)현, 미에(三重)현, 시가(滋賀)현을 통칭하는 말이에요. 이 가운데 오사카부와 교토부에는 비교적 온천이 적어요. 그래서 시내의 온천 공중탕에 손님이 많아요. 종업원이 알코올과 손걸레를 가지고 바닥을 닦는 모습을 수시로 보네요. 탈의실 주변의 머리카락, 탕(湯) 내부의 물통 정리와 바닥, 배수구 청소를 수시로 해요.

맨션의 복도, 계단, 배수구를 청소하는 사람은 허리춤에 도구를 넣는 벨트를 착용했는데 작은 손가방을 들고 일해요. 청소회사에서 이 손가방도 주냐고 물었더니 자기가 100엔 숍에서 사서 조금 개조한 것이라고 하네요. 대답을 마치고 씩 웃으면서 배수구 구석구석을 청소해요. 편의점에서는 틈만 나면 직원이 유리창을 닦아요. 아침에 날이 밝아오면 반짝거릴 정도로 닦고 또 닦네요.

82 직장의 인사

교토 신용금고 '히가시야마(東山)' 지점에 들어 갔어요. 사무에 열중하면서 한 여직원이 '어서 오세요' 하고 선창(先唱)을 하면 다른 직원들이 합창으로 '어서 오세요' 하고 소리쳐요. 2~3분 정도의 간격을 두고 끊임없이 반복하는데 어쩐지 장터에 온 느낌이 들어요.

오사카 JR난바(難波)역 개찰구에 젊은 역무원이 정복의 차렷 자세로 '이용해 주셔서 감사합니다. 항상 JR을 이용해 주셔서 감사합니다'를 연발하며 고개를 숙여 인사를 계속해요. 끊임없이 반복을 하는데 30분간 지켜보다가 안쓰러운 마음에 자리를 떠났어요. 신입사원 교육인지 벌을 받고 있는 것인지 모르겠어요. 지나는 사람들은 으레 그런 것이려니 하며 무표정으로 지나치네요. 저렇게 해야 밥값을 하는 것이라고 생각하는 것 같아요.

83 레지

슈퍼마켓에서 계산대에서 돈을 받는 일을 하는 사람을 '레지'라고 해요. 대부분 파트타임으로 일하죠. 손님이 많은 시간대에는 계산대를 늘리고 직원은 손놀림을 빠르게 하여 대기시간을 단축시켜요. 계산하면서 물건 값 하나하나를 불러요. 500엔이 한 개, 398엔이 두 개 하면서 소리 내어 말하고 돈을 내면 얼마 받았다고 한 뒤, 거스름돈도 얼마라고 얘기해 줘요. 지폐가 눈앞에 보이게 한 장, 두 장 세어 보이고, 동전은 "500엔이 몇 개, 100엔이 몇 개, 10엔이 몇 개, 1엔이 몇 개"라고 말하며 건네죠. 봉투가 필요하냐고 묻고 "매번 고맙습니다" 하고 인사하지요. 이 과정이 정확하고 빨라요. 맥도널드는 레지를 하기에 가장 어려운 곳이라고 해요. 신속, 정확, 접객 등 손님에 대한 태도를 손님으로 위장하여 테스트한다고 하지요. 미국보다 일본 맥도널드의 매상이 웃돈다는 말이 있을 정도에요.

최근에는 손님이 레지 대신 모든 물건을 바코드를 읽게 하여 정산하도록 해요. 바코드가 없는 것은 물건의 품명을 체크해요. 계산대에 물건을 올려놓으면 무게가 측정되지요. 문제점은 가격이 서로 다른 '당근'을 '감자'로 체크해서 계산을 잘못할 수도 있다는 것이에요. 손님을 완전히 신용한다는 전제에서 정산을 하는 것이지요. 인건비를 줄이고 신속하게 처리할 수 있다는 장점이 있네요. 기계를 잘 이용하는 젊은 주부가 선호해요. 사람과의 접촉이 줄어들어 인간미가 점점 사라진다는 느낌이 드네요.

84 복덕방

주거방법은 집을 사든지 월세로 살든지 둘 중 한 가지예요. 우리나라와 같은 전세는 없어요. 현금으로 집을 사는 경우는 드물고 매매가의 최대 90%까지 은행에서 융자를 받아 살 수 있어요. 융자의 비율은 수입에 따라 차이가 있지요. 집을 사는 것과 빌려서 사는 것은 쉽게 선택할 수 없어요. 집을 샀다가 디플레이션이 계속되어 집값이 내려가면 파산할 수 있지요.

보통 한 달 치의 임대료가 월세 소개료이지요. 입거 전의 상태와 퇴거 시의 상태가 같아야 해요. 벽에 못 자국, 벽지나 장지문의 얼룩, 흠집 등은 모두 원상태의 것으로 변상해야 되지요. 그래서 보험에 들어 놓는 것이 편하지요. 2년에 한 번씩 갱신료를 내지요. 보증금 사례금 제도가 없어지는 경향을 보이고 있어요. 집과 관련된 모든 것에 대해서는 복덕방에서 책임지고 일을 처리하고 집 주인과 세입자가 직접 상대하는 경우는 없어요.

85 골프장 캐디, 톨게이트 요금 징수원

골프장에서 대개는 캐디를 동반하지 않고 플레이를 해요. 단체 대회를 하거나 특별히 캐디를 요청할 경우에만 동반하지요. 캐디는 대부분 나이 든 아주머니가 많아요. 요금은 팀당 8천 엔에서 1만 엔 정도예요. 로컬 룰의 적용이라든가 규칙에 반하는 행위를 하면 지적을 하고 벌타를 주기 때문에 잘 모르는 경우에는 물어보면서 플레이를 하지요.

스코어 카드 기록을 멤버들이 서로 불러주면서 한 홀씩 공략해 가요. 플레이가 끝나면 카드에 서로 확인을 해요. 벙커의 뒷처리를 게을리 하면 캐디한테 잔소리(?)를 듣기도 해요. 그린 위에 볼이 낙하해서 생긴 패인 자국을 판판하게 하는 것도 플레이어의 몫이지요.

고속도로 요금 징수원은 고령자가 대부분이에요. 하이패스(일본에서는 ETC라고 함) 게이트가 늘어나 그나마 취업기회가 줄고 골프장 캐디도 버블경제 붕괴로 거의 이용을 하지 않는 추세지요. 외국자본에 의해 운영되는 골프장에서는 경비를 줄이는 데 필사적이에요. 플레이가 끝난 뒤에 목욕탕에서 쓰는 타월도 손님이 준비하라고 하면서 그린피를 줄이는 식으로 손님 유치에 기를 쓰고 있어요.

86 백화점 점원의 시선(視線)

쇼핑의 최고 정점을 이루는 곳을 백화점으로 생각하지요. 그런 만큼 근무하기가 가장 어렵다고 해요. 백화점 영업부에 종사했다면 사회적으로 인정하는 커리어를 가지게 되어요. 접객 태도에 따라 백화점 간의 평가가 달라지고 매출이 변화하지요. 고객에 대한 최상의 서비스가 몸에 배어 있어요. 바르고 꼿꼿한 자세로 일하며, 항상 밝은 미소를 띠고, 직원 간의 잡담이나 웃음은 있을 수 없어요. 물건에 대한 자신 있고 친절한 설명과 상담을 통해 만족시켜주는 태도도 최고의 수준이에요.

백화점, 쇼핑몰 몇 개를 들어 보지요. 미쓰코시(三越), 이세탄(伊勢丹), 다이마루(大丸), 소고(SOGO), 세이부(西武),*** 타카시마야(高島屋), 한큐(阪急), 한신(阪神), 토큐(東急), 마루요, 사쿠라노(さくら野), 이온(AEON), 이토요카드, 케이세이(京成), 스브란, 야키하시(八木橋), 마츠야(松屋), 마루히로(丸廣), 토부(東武), 오다큐(小田急), 케이오(京王), 이노우에(井上), 다이와(大和), 라라포, 킨테츠(近鐵), 케이한(京阪), 텐마야(天満屋), 후쿠야(福屋), 타마야(玉屋), 야마카타야(山形屋), 리우보우 등이 있어요.

*** 2009년에 소고와 세이부는 합병했어요.

87 이발소

이발소는 점차 사라지고 남자 손님은 여자 미용원으로 이동하는 현상이 있다고 해요. 모델의 머리 사진첩을 보이며 어떤 스타일을 원하는지 물어요. 다 깎은 후에는 'ㄱ' 자형의 거울로 옆, 뒤 모습을 보이면서 손님의 마음에 드는지 확인을 하지요. 지역에 따라 요금의 차이가 있어 남자의 커트 머리의 경우 1,000엔에서 2,500엔 정도를 받아요. 머리를 감지 않거나 얼굴 면도를 하지 않으면 금액을 할인해 주어요.

여자 미용실은 고급스런 내장으로 손님에게 휴식 공간을 제공하고 젊은 미용사들의 현대 감각에 맞게 운영을 하지요. 제복을 입고 허리에는 가위, 빗 등의 도구를 넣는 벨트를 찬 채 일하는 모습은 꼭 건설현장 같아요. 손님과의 미소 띤 대화를 통해 사랑방 분위기 속 시간을 만들지요.

88 목욕탕

목욕탕에서 목욕을 하고 난 뒤에는 사용한 의자나 바가지 등을 제자리에 놓고 자리를 떠요. 목욕탕 청소원은 수시로 탈의실 바닥 청소를 하고 머리카락을 처리해요. 문을 열고 드나드는 손님에게 연신 '아리가또우 고자이마스'를 연발하네요. 작업복에 모자를 쓰고 허리띠에 청소 도구를 찬 채로 돌아다녀요.

89 공항의 빵집

칸사이(關西) 공항의 도착 출구 쪽에는 작은 빵집이 하나 있어요. 빵 하나와 음료수 하나를 주문했어요. 물티슈까지 넣고 빵 봉지 손잡이를 쥐기 쉽게 비틀어서 주네요. 돈을 지불할 때 동전을 서둘러 꺼내다 보니 동전을 떨어뜨려서 오히려 시간을 끌게 되었어요. 뒤에 손님이 줄을 섰는데도 종업원은 천천히 하라는 말과 함께 웃음을 지으며 동전을 건넬 때까지 기다리네요.

90 교통비

정규회사원, 계약직, 파트타임의 직원의 교통비를 실비로 지급해요. 자동차의 경우는 ㎞당 얼마라는 규정에 따르지요. 계약직, 아르바이트의 경우 계약할 때 별도의 사항으로 지급여부를 정하고 지급할 경우 금액을 조정하기도 해요.

91 도시락

일하는 사람들은 점심도시락을 먹어요. 도시락을 먹는다는 것에 대하여 자랑스럽게 여기지요. 애처 도시락, 역(驛) 도시락, 편의점 도시락, 가게 도시락 등이 있어요. 도시락 관련 레시피, 도시락을 광고하는 책자가 많아요.

92 분(分), 초(秒)를 다투다

뉴스 시간에 분초 단위로 해설하는 경우를 많이 보아요. 시선을 몇 초간 서로 마주했다고 표현해요. 운송기관은 분초 단위로 운행시각을 알려요. 추리 드라마나 소설 등에서도 분초를 다투는 소재를 많이 다루고 있어요. 시계의 톱니처럼 너무 꽉 맞물려서 여유가 없는 사회라는 느낌이 들어요.

93 일하는 정신

일본어에 '시고토(仕事)'란 말이 있어요. 우리말의 '일'에 해당하지요. 일상에서 많이 쓰는 말이지요. 하기 싫어도 시고토니까 어쩔 수 없다. 시고토니까 당연하다. 당신의 시고토가 아니냐. 시고토 정신이 결여되어 있다는 말을 듣게 되면 사회생활에서 가장 치욕(恥辱)스러운 욕을 들은 셈이에요. 시고토 정신이 없으면 인간이 아니라는 사회저변에 깔린 생각이 있어요. 시고토란 말은 어느 말보다 무거운 바윗돌과 같은 말이에요.

94 사전회의

사회생활에서 '우치아와세(打ち合わせ)'란 말을 많이 써요. 사전(事前)의 회의, 모임, 협의의 뜻이에요. 결과가 있기 전까지 준비 과정에서 수없이 확인, 또 확인해요. 예를 들어 1년 후의 강연 약속이 있으면 6개월 전에 미팅이 있어요. 그리고 3개월 전에 다시 1개월 전에 예비 모임을 가지지요. 행사가 끝나면 반성회(평가회)가 있는데 겸하여 식사도 하지요. 이것을 '우치아게(打ち上げ)'라고 해요.

95 일본인의 행동 패턴(점원)

상점가를 지나면 테이프처럼 반복해서 들리는 말이 있어요. '부담 갖지 말고 들어와 구경하세요. 어서 오세요. 매번 고맙습니다. 또 오세요'란 말이지요. 점원은 항상 서서 미소를 짓고 있어요. 특히 지나는 사람과 눈이 마주치면 미소를 짓지요.

물건에 대해 물으면 자세히 설명을 하지요. 손님이 흥미와 관심을 갖도록 하는 자신감 넘치는 모습이에요. 값은 나중에 말하거나 손님이 물어야 대답을 하지요.

사회의 냄새

96 욕설과 험구

현대 일본어에는 욕설이 거의 없어요. 국어 순화 운동이 성공했다고 보아요. 명치유신 전까지 무사들이 칼로 활개 치던 사회였기도 해서 험악한 언어표현이 많았지요. 태평양 전쟁 패전 후의 사회 혼란 속에 야쿠자가 판을 치던 때도 거친 표현이 난무했지요. 그런데 이제는 험구 악담이 없는 사회가 되었네요. 특히 1964년도의 동경 올림픽을 계기로 언어는 물론 스마일 운동이 큰 효과를 나타냈다고 보지요.

험구나 악담을 하면 듣는 사람이 따가운 시선으로 보지요. 학교에서 이지메(왕따) 문제는 곧 험담의 문제이기도 해요. 스마트폰과 인터넷의 확산으로 익명 사회가 넓어져 가면서 언어 폭력의 심각성이 사회 문제로 되고 있어요.

97 JA(농협) 오사카

전국 농업협동조합 중앙회의 약칭인 전농(全農: JA)는 우리나라의 농협과 같아요. 주오사카 대한민국 총영사관에서 북쪽으로 50미터 정도 떨어진 곳에 오사카 JA의 갤러리가 있어요.

쌀과 관련된 서적, 계절별 요리 레시피 소책자(무료 제공)가 있어요. 도심지에서 벼를 재배해 보자며 양동이 쌀 재배 홍보를 해요. 점심시간에 영양식단으로 된 식사를 값싸게 제공하고 있어요. 도쿄 JA 본사 건물에도 식농교육 갤러리가 있어요. 농협의 홍보와 함께 농업국가로서의 쇠락에 대비한 활동을 볼 수 있어요. 우리나라나 일본 모두 쌀을 중시하지요. 식생활 변화에 따른 소비량 감소 등 문제 해결을 위해 애쓰는 모습은 공통인 것 같아요.

98 주일대사관, 총영사관

대한민국의 대사관이나 영사관 앞에는 항상 경비 버스가 세워져 있어요. 경찰이 무장을 하고 경비를 하고 있어요. 우익 테러 방지책의 하나라고 보여요. 극우파들이 가끔씩 한국의 민단이나 교육원, 영사관 등의 앞을 지나며 비난의 구호를 외치며 시위를 해요.

99 가두연설

선거철이 되면 후보자들의 가두연설을 목격하게 되지요. 무개차 위에서 흰 장갑을 끼고 손을 흔들고 마이크를 들고 연설을 해요. 자신의 구체적인 정책과 상대 후보에 대한 비판으로 목청을 높이지요. 시시비비에 관계없이 연설 내용 몇 마디는 지나는 사람의 귀에 남게 되지요. 이동 차량을 이용한 지지자들의 호소 방송은 '열심히 하겠습니다. 잘하겠습니다. 부탁합니다'라는 판에 박힌 말들이에요. 시끄러운 것은 선거가 있는 사회에서는 어디나 마찬가지인가 봐요.

100 엄살과 과장

90년대 후반에 1달러 100엔을 기준으로 대미 달러 환율이 99엔이 되었어요. 일본의 대미 무역 수지적자로 인해 국가가 도산하게 될 지경이라고 매스컴에서 연일 집중 보도를 해요. 2012년에는 1달러에 77엔까지 엔고현상이 일어났는데 이로 인해 망한 기업이 생겼다는 보도는 없었지요.

마을의 작은 공장 사장과 선술집에서 말하는 것을 들어보면 경기가 나빠서 매일 죽지 못해 산다고 해요. 그런데 죽겠다는 소리를 20년이나 똑같이 해요.

북한이나 중국에서 무력시위를 벌이면 곧 국가안전회의를 열어요. 국민의 생명과 안보가 큰 위기라면 소란스럽지요. 사소한 것이라도 최저 방어선을 생각해 크게 취급하지요. 침소봉대하는 것이 일상화되었어도 누구 하나 이상하게 생각하지 않아요. 천재지변이 수시로 일어나는 불안정한 자연환경의 영향이 아닐까 싶네요.

101 디플레이션의 공포

땅값이 계속 상승하니까 은행에서 자회사를 통해서 땅을 사서 건물을 지어 수익을 보았어요. 지가(地價) 하락으로 대출자가 주택융자금을 감당하지 못하게 되고 개인이나 기업의 파산이 일어나요. 결국 자회사가 망하자 금융계가 흔들리게 되었어요. 물가 하락으로 인한, 이른바 버블경제의 후폭풍이라고 해요.

부동산 하락의 예를 보면, 버블경제가 붕괴하기 전에 회사원이 자기 돈 1,000만 엔에 은행에서 2,000만 엔의 융자금을 받아 집을 샀어요. 버블이 붕괴하자 집값이 하락하여 1,000만 엔이 되었어요. 애초의 내 돈만 가지고도 집을 살 수 있었지요. 집이 팔리지도 않고 팔지도 못하지요. 은행의 융자금 2,000만 엔을 20년, 30년 간 갚아야 해요. 이것이 물가하락의 현실이에요.

생필품의 물가가 하락하니 구매의 즐거움이 있어요. 그러나 공장이나 기업은 원가 절감과 구조조정, 고객확보라는 더욱 치열한 생존경쟁에 내몰리게 되고 이것이 결국은 봉급자의 급료에 영향을 미치게 되지요. 대기업 간의 생존경쟁으로 고래싸움에 새우등 터지는 상황에 처하게 돼요. 디플레이션은 인플레이션 속에서 살아온 사람으로서는 갈피를 잡을 수 없게 하네요.

평생직장이 아닌 구조조정을 하는 직장으로 바뀌게 되어요. 저물가 속의 소비촉진을 위한 기술개발, 품질향상, 원자재 저가구입을 위해 필사적이지요. 이런 가운데 유가와 전기 수도료 인상, 집값 하락으로 대출금 변제 부담 등에 버블경제의 후퇴로 인한 디플레이션까지 겹친 일본 경제는 암울한 나날이네요. 최근 디플레이션에서 탈피하여 호경기에 접어들었다고 정부에서는 발표를 하지만 사람들은 고개를 갸우뚱하는 모습이에요.

식당의 냄새

102 물수건과 식단

오사카 우메다의 '한큐3번가'는 식당이 많이 있는 빌딩군(群)의 거리이지요. '카츠라(桂)'라는 식당은 손님에게 제공하는 물수건을 사용 후 가지고 갈 수 있도록 해요. 말려서 손수건으로 쓸 수 있어요. 손수건으로 쓸 때 식당의 상징 마크를 보게 되니 선전 효과가 있네요.

제3빌딩 33층의 '가와큐(河久)'란 음식점에서는 코스 메뉴가 미리 인쇄되어 나와요. 손님 한 사람 한 사람에게 받침 종이로 내놓아 다음에 나올 음식 이름을 알 수 있어요. 음식을 여종업원이 설명해 주고 있어요. 대부분의 코스 요리의 경우 식단이 받침 종이로 나와서 다음 요리에 대한 기대와 즐거움이 있지요. 사진이나 구체적 그림을 사용하여 시각적으로 내용물을 볼 수 있게 하고 있어요.

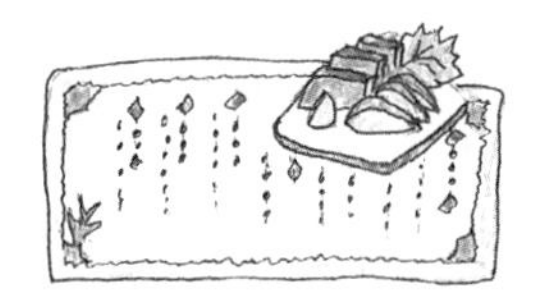

103 비 오는 날의 스시집

한글 교실에 다니던 '츠보이(坪井)' 씨를 오사카 '도톤보리'에서 몇 년 만에 만났어요. 중국인 관광객이 거리에 넘치고 있네요. 남편과 함께 가랑비 속에 조용한 스시집을 찾았어요. 60대에 만났던 분을 70대에 다시 뵀는데 얼굴과 건강에는 변함이 없었어요. 지난 일에 대한 이야기꽃을 피우며 식사를 끝냈어요.

방을 나오는데 요리사가 우리 우산을 들고 기다리고 있었어요. 어떻게 우리 우산인 것을 기억하느냐고 했더니 고무줄 끈이 달린 번호표를 보이며 처음에 들어올 때 묶어 놓아서 알게 된다고 하네요. 기억력이 좋은 요리사로 착각할 뻔했어요.

직장의 냄새

104 여행 안내원

버스 여행 가이드를 지망하게 된 계기 중에서도 수학여행에서 만난 가이드의 영향이 크다고 해요. 재미있게 열심히 웃음으로 여행객을 대하는 태도에서 감동을 받았다고 해요.

버스 여행사, 철도 회사의 여행사, 지자체 운영의 여행사 등 수많은 여행사가 있어요. 가이드가 되기 위한 전문학교가 있지요. 회사에 따라 입사 후에도 가이드 연수는 1개월에서 3개월간 있다고 해요.

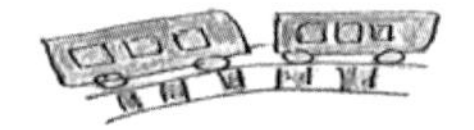

105 아파트 경비원

우리나라의 아파트는 일본에서 맨션이라고 불러요. 일본에서 아파트라고 하면 문화주택을 말해요. 문화주택은 주로 2층으로 되어 있고 가구(家口)가 다닥다닥 붙어 있어요. 맨션은 주민을 위한 회의실, 손님 접대용 공간, 내객용 주차장 등이 공용으로 설치되어 있어요.

경비원은 공동 시설 이용이나 맨션 생활에 대한 고충을 관리회사로 연락하여 해결하지요. 자전거 거치장이나 출입구의 안전을 위해 수시로 정리정돈을 하고 안전에 걸림돌이 생기는 부분은 시정되도록 조치를 취해요.

집단 거주 생활이므로 규칙을 벗어난 것에 대해서는 주의를 주기도 해요. 예를 들어 주차 구역에 반듯하게 주차를 하지 않는다든지 베란다나 복도에 문제점이 있으면 지적을 해요. 어떨 때는 경비원이 '갑'인 듯 눈치를 보게 되지요.

방송의 냄새

106 NHK 주말 심야 프로그램

NHK의 일요일 저녁 9시 뉴스 이후의 프로는 재미가 없어요. 시사공론을 하거나 논설 객원이 나와서 정치·경제·사회·문화에 대한 해설이나 비평을 해요. 일요일 밤에 일찍 자고 월요일에 일찍 일어나라는 의미지요. 그러나 민방(民放)은 시청률 경쟁에 사활을 걸고 흥미와 오락의 프로그램으로 일관해요.

107 우리 동네 놀러오세요

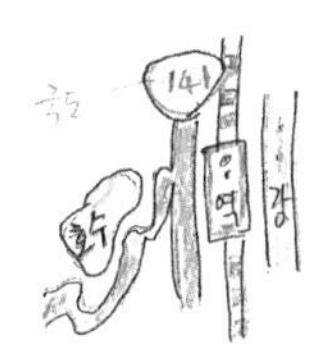

마을의 명승지, 유적지, 향토음식, 명산품을 소개하고 찾아오기 쉽게 약도로 안내해요. 방송, 잡지, 소책자 등에 홍보하여 사람들이 찾아오고 싶은 마음이 들도록 하지요. 마을의 자랑거리를 만들어서 또 찾아오는 마을이 되도록 애를 쓰지요. 대표적인 성공의 예가 오이타현의 '유후인(湯布院, 由布院)'이지요. 독일의 시골 마을의 성공 사례를 견학하여 온천마을로 유명한 벳푸(別府)의 곁에 있으면서도 아늑하고 조용한 시골 온천마을로 알려지게 되었어요.

108 NHK의 모형 활용

정치, 경제, 국제, 사회 문제에 관한 보도를 할 때, 복잡하거나 전문적인 문제 현황에 대해서는 삽화, 모형, 통계 그래프, 연극 등으로 시청자가 쉽게 이해할 수 있게 해요. TV가 시청각 매체란 것을 실감하게 되지요. 마치 예전에는 학교에서 교과서와 칠판에만 의지하던 교육이 오늘날은 시청각 교재를 활용하여 학습효과를 높이는 것과 같지요.

패널리스트를 등장시킬 때도 명찰(이름, 분야, 지위)을 달지요. 시청자가 중간에서 볼 때도 알 수 있어요. 시청각 자료를 어떻게 만들어서 전달할까 고민하는 사전 모임을 통하여 시청자의 머리가 시원해지도록 해요.

109 NHK의 '모두의 체조'와 '라디오 체조'

NHK TV에서 하는 오전 9시 55분의 '모두의 체조'에서는 세 사람이 체조를 해요. 의자에 앉아서 하는 사람, 정면을 보고 하는 사람, 측면으로 하는 사람의 동작을 보여 주어요. 의자에 앉아서 하는 사람은 고령자나 서서 할 수 없는 사람을 배려한 체조 모습을 보여 주지요. 측면의 모습은 정확한 동작을 취하는 데 도움이 돼요. 복장은 주로 티셔츠에 반바지나 긴 바지 차림이에요. 건강미가 돋보이는 체형의 모델이 나오지요.

NHK 라디오 '라디오 체조'는 오전 6시 30분에 조기 체조하는 것을 중계하지요. TV와 라디오의 체조 시간대가 다른 것은 예상 시청자를 고려한 것으로 보여요.

110 NHK의 기상캐스터

세계적 추세가 TV의 기상 캐스터를 섹시한 이미지의 여성으로 하는 건가 봐요. 일본은 수수한 이미지의 여자나 남자 캐스터가 해요. 시청자는 천재지변과 직결되는 일기예보에 집중하고 민감한 반응을 보여요.

온도, 바람, 화분, 세탁 건조, 자외선 등에 대한 예보를 보조 도구, 그림, 대형 온도계, 편지글, 독자 투고의 사진, 문장, 시(詩), 때로는 투고 등을 이용하여 시청자에게 알려주지요. 예를 들어 비 올 것에 대비하라고 할 때는 우산을 가지고 등장하거나 꽃밭에서 시작을 한다거나 추위에 입에서 나오는 입김을 실감나게 보여 주면서 강한 인상을 남기도록 해요.

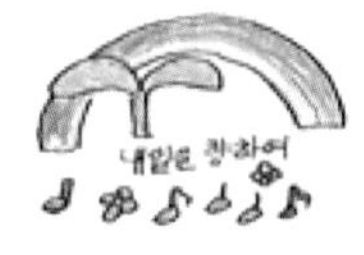

111 특파원의 보도

한국에 사는 친척이나 지인의 전화를 받고 놀랄 때가 있어요. 일본 경제가 파탄난다고 우리 가족을 걱정하는 거예요. 정치나 사회적 이슈에 관해 홍분이나 걱정하는 대화를 전화로 하다 보면 아리송한 경우가 있어요. 한국 특파원의 기사를 보고 말하는 것 같아요.

특파원의 편협한 기사를 보고 말하는지, 아니면 특파원이 쓴 기사의 사실과 의견을 잘못 읽고 걱정해서 말하는 것인지 모르겠어요.

112 기억에 남는 공익광고

일본의 TV 방송에도 우리나라의 공익광고와 같은 것이 나와요.

공익 광고에 외국인 작가인 '니콜(C. W. Nicol; 영국 작가, 환경보호활동가)'이 등장하여 이런 말을 하네요.

"저는 일본말을 매우 좋아합니다. 이 고운 일본어로 남을 속인다든지 남의 결점을 들추어 마음에 상처를 준다든지 하면 애써서 다듬어 온 아름다운 일본어가 더럽혀져 버리고 맙니다(와타시와 니혼고가 다이스키데스. 소노 키레이나 고토바데 히토오 다마시타리 기즈쯔이타리 스레바 셋카쿠노 키레이나 니혼고가 요고레테시마운데스)."

그는 일본에 오래 산 사람으로, 일본과 친숙하며 일본말을 잘 알고 있어요. 그렇다고 해도 공익광고에 왜 굳이 외국인을 등장시켰을까? 아마 자국인 스스로 일본어는 자랑스럽고 훌륭한 언어라고 말하는 것보다 외국인의 입에서 칭찬의 말을 듣는 것이 더 신뢰가 가기 때문이 아닐까요.

교육과 학교와
한자의 냄새

113 회계 연도

4월 1일부터 익년 3월 31일까지가 사실상의 1년 단위에요. 학교 연간 예정표, 공공 기관, 민간 기업의 수입·지출의 결산 연도의 시기가 모두 같아요.

꽃샘추위가 한참인 2~3월에 멀쩡한 보도블록을 교체하거나 과일 보수공사를 할 경우 예산이 남은 것을 소비하기 위해 하는 공사라며 사람들이 눈살을 찌푸리는 경우도 있지요.

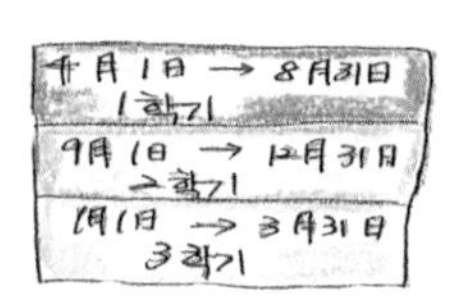

114 학교 급식의 배식

식당이 없는 경우 교실에서 배식과 식사를 해요. 초등학생의 경우 4학년 이상이, 중·고등학생은 당번 또는 순번을 정해서 배식과 뒷정리를 하지요. 배식을 한 뒤 누군가 구령을 하면 '잘 먹겠습니다'라고 말하고 먹기 시작해요. 담임도 같이 교실에서 먹지요. 담임 외의 선생님은 교무실에서 도시락이나 배달 음식을 먹어요.

초등학교 저학년의 경우에는 5, 6학년이 1, 2, 3학년의 교실에 가서 배식 도우미를 하지요. 저학년 학생이 운동장에서 배식 선배를 만나면 '언니', '누나', '오빠', '선배'라고 부르며 따르기도 해요. 식사할 수저는 각자가 준비하고 배식할 때 사용하는 모자, 마스크, 행주치마는 학교에서 준비를 하지요. 신축 또는 재건축하는 학교는 식당을 지어서 학생들이 서로 배식해 주는 풍경이 사라지고 있어요.

115 학교시험

OMR카드를 사용하여 컴퓨터 채점을 하는 경우는 거의 없어요. 문제지, 답지에 답안을 작성하면 수작업에 의해 채점되지요. 실기 평가도 교사의 주관에 의해 평가되어요. 평가 결과에 대해 이의를 제기하거나 불복하는 경우는 보지 못했어요. 결과를 확인했을 때 학생의 문의가 있는 경우 평가자가 설명하기도 해요.

야구나 씨름 등 심판에 의해 미묘한 순간의 판정으로 승패가 크게 엇갈리는 경우에도 판정에 이의나 불복하지 않는 태도는 학교에서 교사의 평가에 절대 복종하는 데서부터 길러진 것이 아닌가 생각되네요.

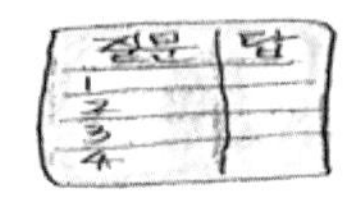

116 국어 시험과 획의 끝처리

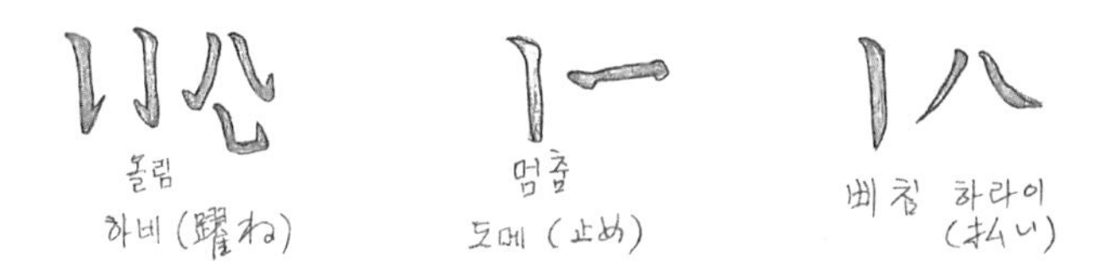

경우에 따라 국어(일본어) 시험에서 연필을 준비하라고 해요. 채점을 할 때 한자(漢字) 획(劃)의 끝처리를 정확히 하지 않으면 안 되지요. 애매하게 처리하면 틀린 것으로 채점을 해요.

서예에서 말하는 획의 끝처리 세 가지인 멈춤(止め), 올림(跳ね), 삐침(拂い)을 정확히 나타내야 해요. 일본인이 쓴 한자는 획의 끝처리가 정확하다는 걸 알 수 있어요.

일본 문자인 히라가나에서는 글자의 끝처리가 어떻게 되었는가에 따라 전혀 다른 문자가 되어요. 일을 하는 데 있어서 끝처리와 사소한 것이 중요하다는 인식이 문자 형태와 관련이 있지 않을까 해요. 문자의 형태와 한자 교육에서 일본인 특유의 섬세한 의식이 나온 게 아닐까를 주제로 연구해 보고 싶네요.

117 실내화

실내와 실외의 구분을 하는 교육은 어렸을 때부터 시작되지요. 대부분의 운동장이 흙으로 되어 있어 실내·외화를 신어서 구분해요. 실내 체육관의 경우에는 체육관 슈즈(실내용)를 신어요. 강당 또는 체육관의 바닥을 보호하기 위해 행사를 할 경우는 바닥 시트를 깔아 보호하지요. 시트 수납장을 단상의 하부에 슬라이드식 서랍장으로 만들어 사용하지요.

실내화의 색과 모양은 전국적으로 비슷해요. 흰색 바탕에 하늘색, 녹색, 붉은색이 운동화의 앞코에 바닥 고무색 위의 띠를 두른 모양이지요.

118 이름표

보육원, 유치원의 아동이나 초·중·고 학생의 모든 용품에는 명찰이 붙어 있어요. 소유물에 이름을 써서 붙이는 것이 습관화되어 있어요. 성인 사회의 크고 작은 모임이나 회의에서도 명찰 패용이 일상화되어 있어요. 이가 없으면 잇몸이라고 제품이 없으면 즉석에서 종이에 써요.

나의 물건이 남의 물건과 섞이는 경우에 대비한 제품을 볼 수 있어요. 유아용 양말, 셔츠, 팬티, 타월, 베개 커버, 신발, 가방, 도시락, 제복, 모자, 가방, 기저귀 등에 이름을 쓸 수 있게 되어 있어요. 각종 모임에 쓰는 목걸이형 명찰, 명패 등 관련 상품이 다양해요.

119 한겨울 반바지의 초등생

교토는 분지라서 춥고 더운 날씨의 변화가 심한 차이를 보이는 곳이에요. 한겨울에 초등학생이 가방을 메고 추위에 발발 떨며 횡단보도 앞에서 신호를 기다리는 모습을 보면 안쓰러운 마음이 들지요. 아이는 어릴 때부터 춥게 길러야 한다거나 자라나는 아이의 활동성에 맞추려면 반바지가 좋다는 말을 해요.

국비장학생으로 일본에 와서 생활했던 한 한국 사람이 일본에서 본 한겨울의 반바지 아동에 대한 이야기를 이렇게 하더군요.

"일본은 우리나라보다 위도가 훨씬 아래라서 겨울이라도 그다지 춥지 않아요. 추위에 견딜 정도니까 반바지를 입히는 것이죠. 일본에 대해 과잉으로 추겨서 말하는 경향이 있어요." 이렇게 말하니까 주위 사람들이 듣고는,

"그럼 그렇겠지. 매스컴이 일본을 과찬하는 것이네" 하면서 고개를 끄덕이네요. 임진왜란이 일어나기 전에 일본을 다녀와서 조정에 서로 반대의 보고를 하던 두 통신사가 생각나더군요.

120 평생 국어(한자) 공부

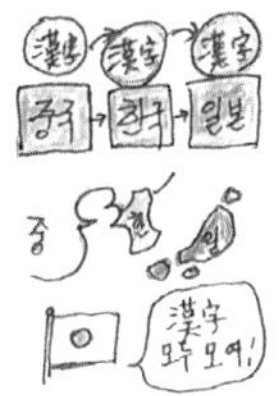

한자(漢字)가 중국에서 만들어져 한국, 일본으로 전래되었지요. 오늘날에 와서 중국은 간체자를 쓰고, 한국은 한글전용이라며 한자를 버렸으니, 한자가 이제 일본의 문자가 된 것 같네요.

그런데 일본의 한자는 소리와 뜻을 섞어서 사용하기에 어려움이 더하고 평생을 배워도 끝이 없을 정도로 복잡하지요. 지명, 인명, 국명 등의 한자 표기에서 일본사람도 자신 있게 읽고 쓰는 경우가 드물어요. 그래서 기록이나 대화를 할 때 확인에 또 확인을 하게 되지요. 1923년에 지정한 1,962자를 시작으로 1981년에 개정한 1,945자의 상용한자가 2010년에는 2,136자로 늘어났어요.

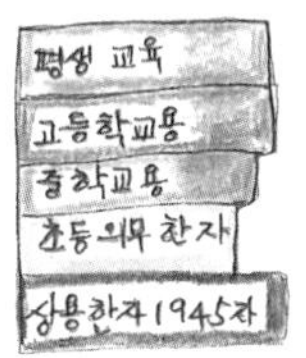

121 한자 쓰기

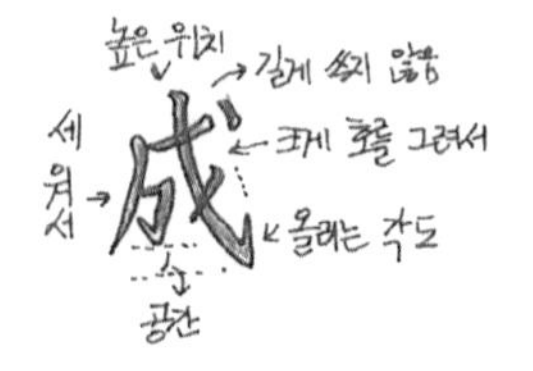

국어(일어) 시험이란 것은 한자의 읽기, 쓰기에 대한 것을 테스트하는 것이에요. 초·중·고 12년간 한자 학습이 가장 기본이 되는 것이기에 정확하고 바르게 쓰도록 하지요. 바른 글씨를 익히기 위해서 클럽활동에 참가하든지 습자 교실에 다닌다든지 하지요.

한자의 끝처리에 대해 엄격히 채점해요. 예를 들어 뚫을 곤(丨), 갈고리 궐(亅), 삐침 별(丿), 책받침(辶), 민책받침(廴), 새을(乙)의 튀어 오름 등의 구별을 확실하도록 하지요.

사소하고 작은 것, 소홀히 하기 쉬운 것에 대해서 정확히 처리하는 습관은 한자 쓰기 지도에서 시작된 것 같아요. 한자의 음과 훈의 불규칙성을 평생 익혀야 하지요. 컴퓨터의 보급으로 자판에 익숙해져 글씨를 잘 못 쓰는 학생이 늘어가는 것이 현실이지요.

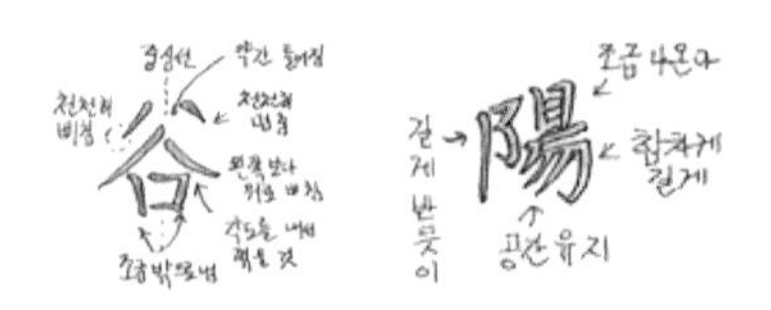

122 서예

초등학교 교실 뒤 벽보판에 붓글씨 습자 작품이 게시되어 있는 모습을 보아요. 습자 교육을 학교 교육에서 국어의 한 분야로 다루고 있어요.

주택가에 서예교실이 많고 초등학생은 물론 성인반이 있어 취미생활로 어린 학생과 노인이 함께하는 모습을 보아요. 서예 급수 1급이 되면 지도 자격증이 주어져 학원 운영을 할 수 있어요. 컴퓨터의 보급·발달로 글씨가 엉망이 되고 있다고 걱정하기도 하지요. 편리한 메일이나 핸드폰이 있어도 편지를 쓰는 경우가 많아요. 특히 연말연시에는 연하장, 문안 엽서를 보내는데, 이때 대부분 손으로 글씨를 써서 보내지요.

123 일관 교육(一貫教育)

유치원을 시작으로 하여 초·중·고·대학교까지 같은 학교 재단의 교육을 받게 되는 것을 일관 교육이라 해요. 명문대학이 병설로 세운 유치원과 초·중·고에 입학하면 대학까지 에스컬레이터 오르듯 쉽게 진학이 되지요. 그래서 재단의 병설 유치원 입학 경쟁이 치열해요. 그러나 유치원과 초·중·고의 1년 교육비가 100만 엔 내외로 들어요. 대학까지 수업료만 생각해도 어마어마한 비용이 들지요.

사회적 빈부격차, 교육의 불공평에 대해 불평불만을 하는 소리를 들을 수가 없어요. 못 가졌거나 뒤져 있다고 말하는 것 자체가 스스로의 무능을 보이는 것이라고 생각하는 면도 있어요. 반대로 많이 가졌다거나 앞서 있다고도 나타내지 못하지요. 남보다 두드러지면 돌연변이처럼 취급되는 사회적 이지메에 대해서는 모두가 무서워하는 경향이 있지요.

124 일본인의 한국어 발음

일본 사람에게 우리말을 가르칠 때 어려운 것 중 하나가 받침소리 지도예요. 그중에서 'ㄴ', 'ㅁ', 'ㅇ'의 구별이 매우 힘들어요. 일본어의 'ん' 소리는 우리나라 말의 'ㄴ', 'ㅁ', 'ㅇ'이 하나로 되어 있는 음이에요. 예를 들어 '선생님'의 경우 '성생님', '선샌닌', '섬샘님', '섬샌닌' 등으로 발음돼요. 또 된소리(硬音)와 거센소리(激音)의 구별도 어려워요. 일본인들이 한국어를 배울 때는 정확한 받침소리보다는 열심히 노력하는 자세가 중요해요.

125 종이 연극

손으로는 그림을 바꾸어 보여주면서 이야기를 들려주는 것이 종이 연극(紙芝居: 카미시바이)이에요. 주로 아이들을 대상으로 하는데 예전에는 자전거의 짐 실는 곳에 소도구를 싣고 다니며 했다고 해요.

보육원, 유치원, 장애센터나 요양원 등지에서 옛날이야기, 세간의 이야깃거리를 풍자해서 사람들에게 보여 주어요. 유아기부터 친숙한 종이 연극은 학교, 교회, 마을 축제 등에서도 활용하지요.

텔레비전의 어린이 프로그램에서도 자주 보이지요. 뉴스나 지식전달 프로그램에서 활용하여 이해를 돕기도 해요. 전래동화, 교통안전, 식생활, 의학지식 전달, 윤리도덕 의식 고취 등 다분야에 활용하네요.

126 유치원, 보육원의 복장

유치원은 대체로 비용이 비싸고 교육시간이 4시간으로 정해져 있어요. 특히 사립 유치원의 경우는 연간 50만 엔이 전국 평균이라고 해요. 다닐 수 있는 연령도 3살부터 5살까지예요. 등원 버스가 운행되는 경우도 있고 유치원복, 가방, 모자 등 갖추어야 할 물건도 많아 가정에서 뒷바라지하려면 많은 정성이 따르지요.

보육원은 탁아를 하는 곳이에요. 0살부터 5살까지 맡길 수 있어요. 일하는 주부에게 도움을 주기 위해 퇴근시간인 5시나 6시까지 운영하는데 연장하여 맡길 수도 있어요. 비용도 저렴하여 가계에 크게 부담되지 않아요. 도회지에는 보육원이 부족하고 보육사의 충원에 어려움을 많이 겪어요.

보육원의 경우 딱히 복장이 정해져 있지는 않아요. 다만 다른 아이보다 화려하게 차려 입혀서 보내지는 않죠. 여자 아이의 경우 치마나 드레스를 금지하고 머리도 장식이 없는 끈으로만 묶도록 제한했어요. 머리핀의 장식이나 옷에 달린 반짝이 혹은 비스가 떨어지면 혹시라도 다른 아이들이 입에 넣을 수 있다며 위험한 것으로 보아 착용을 금지하고 있지요.

127 차렷, 열중 쉬어

중학교(東京 世田谷 山崎中學校)의 가을 운동회 준비로 맹연습을 해요. 홍백 양 팀으로 나누어 이어 달리기, 피라미드 만들기, 바구니 터트리기 등의 종목이 빠지지 않네요. 연습이 끝난 후 전교생이 집합을 해요.

강평회를 하는데 생도회장, 담당 교사, 체육 주임, 교감이 마이크 앞에서 말을 해요. 무려 30분 이상 이어지는데 전교생이 군인처럼 미동도 하지 않네요.

128 사람의 앞을 지나가지 말라

예의범절을 뜻하는 '시츠케'란 말이 있어요. 어린아이를 꾸짖을 때 이 말을 잘 써요. 사람의 면전을 지나가면 혼을 내지요. '사람의 앞을 지나지 말라'는 말을 자주 해요. 차를 운전할 때 사람의 진행에 조금이라도 방해되지 않도록 앞에서 멈추어요. 차나 사람이나 바로 앞을 지나가지 않는 것을 기본 매너로 생각해요. 도로교통법에도 나와 있지요.

129 글쓰기와 투고

어렸을 때부터 발표와 작문 교육에 비중을 많이 두어요. 한자(漢字)를 읽고 써야 하는 배경 때문인지도 몰라요. 학생 때부터 메모, 기록, 엽서, 편지 등을 많이 이용하지요. 생활의 불편함, 단상(斷想), 건의, 응원, 메시지 등을 기록하여 활자화할 기회가 많아요.

의식의 냄새

130 일본인들이 공감하는 말

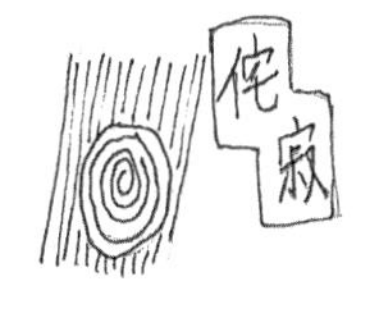

일본은 폐쇄적인 섬의 속성을 갖고 있어요. 그러나 외래 문화를 적극적으로 수용하는 면도 많은 것 같아요.

한국인의 정서를 나타내는 '한(恨)'은 외국어로 번역하기 어렵지요. 일본에도 이와 비슷한 말로 일본인의 미(美) 의식을 나타내는 '와비사비(侘寂: 소박하고 호젓한 아름다움)'란 말이 있어요. 일본인이 서로 공감하는 말 중에 '타협'이나 '유연성'이나 '원점으로 돌아가서 생각한다'라는 말에 공감을 잘 해요. 또한 '물건 만들기의 대국', '기술은 어렵게 배우는 것', '어깨 너머 보고 스스로 터득하는 것이 솜씨요, 실력'이라는 말에 공감하는 태도를 보이지요.

신문사에서 일본인이 좋아하는 말을 발표할 때가 있는데 1위에 '고마워요', 2위에 '노력', 3위에 '사랑', 4위에 '배려', 5위에 '적극적'이란 말이 오른 것으로 나타났어요. 조사할 때마다 '고마워요'는 1위로 나타나요.

131 젊은 여성의 관심사

젊은 여성의 관심사는 세상 어디나 같은 모양이에요. 일본 여성의 관심도를 조사한 결과, 1위 멋부리기, 2위 휴대폰, 3위 쇼핑(화장, 패션, 몸매 다듬기, 음식, 브랜드 물건), 4위 유행에 따르기 등으로 나타났대요. 소비와 관심이 겉모습과 미용에 치중되어 있다 보니 미용원이 늘고 있어요. 창업할 때도 미용 관련 업종은 은행 융자를 받기가 쉽다고도 해요. 미용과 몸매 관리에 관한 직업 훈련소가 늘고 있어요. 신종 서비스 산업으로 부상하여 미용 관련 광고가 넘쳐나고 있지요.

몸매 관리 중에서도 체중과 가슴에 관심이 많고 얼굴 성형은 그다지 인기가 없어 보여요. 특히 얼굴이나 몸에 있는 점이나 사마귀 같은 것을 제거하지 않아요. 오히려 복(福)을 부른다고 생각하여 자랑스럽게 여기는 경향이 있지요.

132 자기 자랑

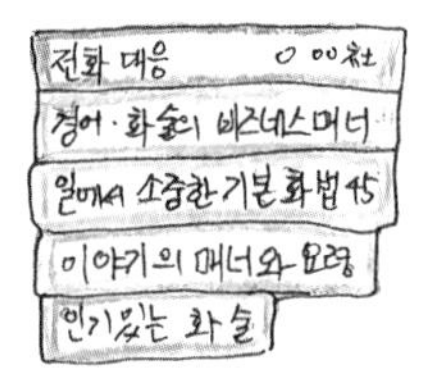

서점에 가면 화술, 화법에 관한 책이 많아요. 학교의 수업에 도움이 되는 화술, 비즈니스 화법, 사교 화법, 전문용어, 까다로운 경어의 사용법 등에 관한 책이 많아요. 외국인에게 일본어의 경어 사용은 참 어려워요.

개인적 관계든 사업상 만난 관계든 자기 자랑을 하면 절대로 안 되지요. 돈, 지위, 업무 실적, 친구 관계, 학력, 출신지, 가족, 지식에 관한 말을 할 때 자기 자랑을 금지하는 것이 기본 화법이라고 하지요. 화제는 항상 판에 박힌 것으로 누구나 뻔히 알고 있는 것이에요. 이런 것을 새삼스러운 듯이 말하고 맞장구쳐 주고 웃고 해요. 본심을 쉽게 말하지 않기에 속내를 알 수 없어요. 대화 중 사소한 것에서 본심의 실마리를 찾아야 해요.

133 미안해요, 죄송해요, 고마워요(도우모: どうも)

집을 나서서 '미안해요, 죄송해요, 고마워요'란 말을 입에 달고 살아요. 아침에 엘리베이터 앞에서 먼저 타라고 양보를 받으면 '고마워요'. 사람의 몸에 살짝 접촉하면 '죄송해요'. 돈 주고 밥 먹거나 물건을 사고도 '고마워요'. 이 세 가지 뜻을 모두 가진 하나의 말이 있어요. '도우모(どうも)'란 일본말이에요. 이 말 하나면 인간관계나 사회생활이 다 원만하게 되지요.

134 문수보살의 지혜

어떤 학자가 일본을 리더에게 순종을 잘 하는 민족이라고 해요. 서양에서 일본의 민족성을 들쥐 습성이라고 했지요. 깃발 민족이라고도 했어요. 조직 속에 포함되어야 마음이 평안해지는 습성이 있다고도 해요. 중국인 세 명이 모이면 식당을 차린다고 해요. 일본인 세 사람이 모이면 회사(조직체)를 만든다는 말이 있어요. 일본 사람이 좋아하는 속담이 있어요. '세 사람이 모이면 문수보살의 지혜가 나온다(三人寄れば文殊の知恵)'라는 말이지요.

135 백안시(白眼視)하다

집단성에서 일탈된 행동을 하면 백안시하고 '이지메'로 연결되어요. 예를 들어 보지요.

초등학교 입학에서 책가방(랜드셀) 같은 준비물을 갖추지 못하면 안 돼요. 현관에서 신발을 가지런히 정돈해야 하지요(제 집에서는 잘 안 해도). 감사와 사과의 표현을 잘해야 하지요. 인사를 하거나 질문에 대해 답례나 답변을 잘해야 하지요. 남의 앞을 지날 때 실례한다는 표현을 해야 하지요. 언행의 시작과 끝을 분명히 해야 되지요.

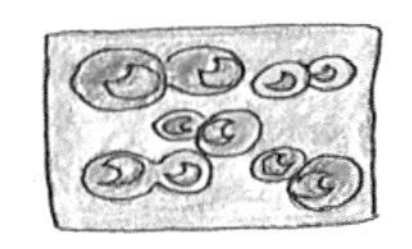

136 대화법

사원교육의 책자의 내용 중에 대화관련 내용을 보면 이렇게 되어 있어요.

먼저 말하는 사람의 얼굴을 보아야 하고 단정적인 표현을 피하라고 해요. 주장이나 의견은 개인차가 있다는 전제를 두거나 나만의 생각이니 다른 사람의 동의를 구한다는 뉘앙스를 주어 표현해요.

또 상대방과 나의 견해 차이가 있을 때 좁히려고 하지 말아요. 상대의 의견은 인정하고 내 의견은 낮추는 식으로 말해야 하지요. 대화 내용 중 사소한 약속이라도 신중히 해야 해요. 한 번이라도 고마웠던 일이 있었으면 만날 때마다 잊지 않고 있다는 표현을 섞어야 해요.

그리고 화제는 누구나 다 아는 사실로 꺼내요. 완곡하게 에둘러 거부하는 표현을 빨라 눈치 채도록 해요. 시간, 장소, 금전에 관한 이야기의 경우 재삼 확인하는 것이 좋지요. 헤어질 때의 인사는 적시에 건네야 하고 음성을 크게 하지 않아야 해요.

끝으로 대화 중에 항상 웃는 표정을 잃지 않아야 되지요. 대체로 이런 대화법으로 접객하도록 사원교육을 하지요.

일상 회화에서 유념해야 할 포인트를 이렇게 소개해요. 상대의 감정을 상하게 할 정도로 자기주장을 하지 말고 내용보다는 상대방의 기분에 맞추도록 해요. 상대방의 흥미에 맞춰 화제를 잘 선택하면서 잘 듣도록 해요. 그리고 맞장구의 타이밍을 잘 맞추도록 해요.

회화의 에티켓을 이렇게 소개하네요.

먼저 밝은 표정을 잃지 말고 자기 자랑을 하지 마세요. 자기에 관한 이야기만 하지 말고 혼자 독점하지 않도록 해요. 불평을 하지 않고 상대의 말을 진지하게 듣도록 해요. 약점, 단점 등을 화제로 삼지 말고 혼자만 입 다물고 있지 않도록 해요.

137 의자의 리클라이닝과 '스미마셍'

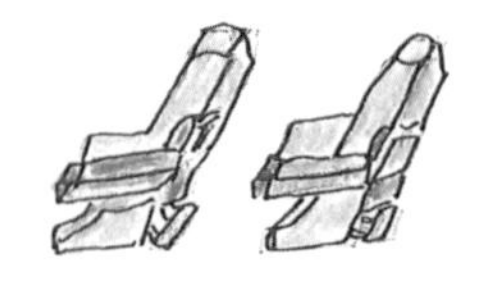

신칸센, 비행기, 장거리 버스에서 의자를 뒤로 젖힐 때는 뒷사람에게 반드시 미안하다는 말을 하지요. '스미마셍'이란 말 한마디도 없으면 일본인이 아니라고 생각해요. 일본사람다운 행동에는 공통성이 있지요.

남의 앞을 지나가면서도 '스미마셍', 옆에 닿았다고 '스미마셍', 부를 때도 '스미마셍'. '스미마셍'을 입에 달고 살아요. 일본인이라면 당연히 이렇게 생각하고 이렇게 행동한다는 테두리가 있어요. 이 테두리를 '와(和)'라고 하고 여기를 벗어나면 안 되지요.

'스미마셍'이란 말의 높낮이, 강약의 정도에 따라 의미도 각각이에요. 언어의 복합성으로 인해 쉽게 의미파악이 안 될 때도 있어요.

음식의 냄새

138 스시(すし, 壽司, 鮨, 鮓)

한국 사람은 자주 비빔밥에 불고기를 먹고 사는 것처럼 생각해요. 반대로 우리나라에서는 일본 사람은 매일 스시를 먹고 사는 것처럼 생각하기 쉽지요.

스시에는 흔히 알고 있는 손으로 쥐어 만든 것만 있는 것이 아니에요. '말이 스시', '유부 스시', '흩어뿌림 스시', '누름 스시', '발효 스시', '붕어 스시', '감잎 스시', '고등어 스시' 등 재료와 방법, 지방에 따라 종류가 달라요. 스시 식당의 형태도 개인형, 기업형, 체인점형 등 다양한데 최근에는 로봇이 스시를 만드는 곳도 생겼어요. 맛과 분위기, 재료에 따라 가격도 천차만별이지요. 식초와 소금, 설탕이 밥에 어우러져서 우리말로는 초밥이라고 불러요. 기본적으로 여름 음식이라고 볼 수 있지요.

옛날에는 귀한 음식이었고 정해진 곳에서나 먹을 수 있었지만 지금은 식당은 물론 슈퍼와 체인점의 발달로 싸고 손쉽게 먹을 수 있게 대중화되어 있지요. 심지어는 선물로 주고받을 수 있는 스시권(券)도 있어 가맹점에서 구할 수 있어요. 여행지의 휴게소나 열차의 정거장에서도 인기 있는 도시락 스시가 있어요. 과연 장사의 나라로구나, 하는 느낌이 드네요.

139 완숙 토마토

빨갛게 익은 완숙 토마토를 약간 푸른빛을 띤 것보다 좋아해요. 길가에 아침 일찍 채소를 진열해서 놓고 파는 보따리 장사(일명 '아사이치'라고 불러요)가 내놓는 토마토는 완전히 익어서 빨갛고 말랑말랑한데 나오기 무섭게 팔려요. 아침 '반짝 시장'에 파는 물건은 직접 재배한 야채라서 신선하다는 생각을 주지요.

시골 길 주변에서 무인 농산물 판매소를 가끔 보아요. 시골길을 드라이브하다가 채소를 사기도 해요. 사람이 없는 대신 저금통 같은 돈 통이 옆에 있어요. 어떤 돈 통에는 돈을 넣으면 신호가 울리거나 긴 파이프로 연결되어 동전이 굴러가는 소리가 나기도 해요.

140 와가시(和果子)

흔히 일본 전통과자를 우리나라에서는 한자 그대로 읽어 '화과자'라고 하네요. 명치시대 이후 서양의 과자를 '양과자(洋菓子)'라고 한 것과 구별하기 위해 일본 과자라는 뜻으로 써온 말이 '와가시'이지요. 차를 마시는 경우 와가시를 곁들여요. 와가시 중 교토의 것을 으뜸으로 치는데 보기에 너무 예뻐서 먹기에 아까울 정도지요. 교토의 와가시가 유명하게 된 것은 1,200년간의 도읍지로서 왕가와 장군, 귀족이 많이 거주한 곳이기 때문이에요. 그들이 애용하다 보니 발전하게 되었어요.

카스테라, 카린토, 오후쿠, 요캉, 만쥬 등을 몇 백 년에 걸쳐 이어온 전통 가게가 있어요. 교토 안에서도 지명에 따라 갖가지로 분류되고 포장도 화려하지요. 기온이 조금이라도 따뜻하면 보관을 오래하지 못해서 해외로 선물하기에는 어려운 점이 있어요. 약식으로 만든 와가시 제품이 값도 저렴하고 길게 보관할 수 있어서 선물용으로 인기를 끌고 있지요.

141 빵과 과자

특산품 선물에 빵과 과자가 압도적으로 많고 산지 내에서만 판매하고 있어요. 일본인은 물렁하거나 달착지근한 음식, 과자류를 좋아하는 경향이 있지요.

만화, 애니메이션의 캐릭터에서 일본인을 그릴 때 뾰족 턱이나 뻐드렁니가 드러난 모양으로 나타내는 경우가 많은 것은 이런 음식물과 관계가 있는지도 모르겠어요. 남의 집이나 기관을 방문할 때도 의례적으로 과자를 선물로 가지고 가지요. 또 다도회(茶道會)에서 과자를 곁들이는 것도 과자 산업이 발달한 원인인지도 모르겠어요.

서양 문물의 창구였던 나가사키(長崎)는 카스텔라가, 고베(神戶)는 케이크가 도시 전체를 대표하는 주산업으로 유명하지요.

장애인과 고령화에 대한 대응

142 노약자 사회와 마츠다(車)의 '데미오'

신체 부자유자나 고령자가 탑승하기에 편리한 승용차가 나오고 있어요. 회전 가능한 시트, 90°로 회전한 뒤 차량 밖까지 나가서 지상 15㎝까지 내려오는 리프트업 시트, 슬로프식 이동 시트 등이 있지요. 휠체어가 그대로 조수석이나 뒷좌석 시트 또는 운전석이 되기도 해요.

노약자를 위한 자동차를 토요타는 '웰캡(Welcab)', 닛산은 '라이프 케어 비클', 혼다는 '프리도(Freed)', 미츠비시는 'E-K', 다이하츠는 '프렌드십', 스즈키는 '위즈'라는 이름으로 만들고 있어요. 마츠다의 '데미오'란 차는 간단히 90°로 회전시키는 조수석이 있었어요. 이렇게 간단하게 고령자를 배려하는 방법을 그동안은 왜 몰랐을까 하는 생각이 들었어요.

143 휠체어의 전철 승하차

휠체어(전동 휠체어 포함)를 타고 전철을 이용하려고 하면 직원이 어느 역까지 가려는지 묻고 도와주어요. 먼저 일반 통행인은 이용을 자제하도록 한 후, 에스컬레이터의 발판 서너 개를 평평한 형태로 바꾸어 운행하도록 조작해요. 물론 엘리베이터가 있는 경우는 본인이 조작하여 승강하지요.

전철이 도착하면 홈의 벽에서 접이식 미끄럼대(슬로프)를 꺼내어 출입구에 깔아 승차하도록 도와줘요. 내리고자 하는 역으로 연락하여 몇 번째 칸의 몇 번 도어에 휠체어 승객이 있는지 알려서 역무원이 대기하도록 하지요. 도착하고 나면 역시 같은 방법으로 미끄럼대를 깔아서 승하차를 도와요. 홈과 차량 간의 틈새를 연결해 주는 접이식 미끄럼대(와타리이타: 渡り板)는 손잡이가 달려 있고 홈의 기둥이나 벽에 붙일 수 있게 만들어 간단히 꺼내어 쓸 수 있네요. 기본적으로 휠체어는 1번 차량 또는 후미 차량에 승차해요. 역무원이 보조 미끄럼판을 준비해 줄 수 없을 경우 운전수나 차장이 도와주어야 하니까요.

144 초보운전자, 고령자, 장애자 표식

(若葉マーク)
초보운전자 표식

초보운전자 표식은 운전면허 취득 후 1년간 차량의 앞과 뒤에 붙여야 되지요. 어린 새싹과 같이 생겼다 하여 '새싹마크(와카바 마크: 若葉 mark)'라고 불러요. 붙이지 않으면 감점 1점에 벌금 4,000엔이 부과되지요. 이 '와카바 마크'의 차량에 대하여 근접 위협 운전을 하거나 위험한 새치기 운전을 하면 안 되지요. 초심자를 보호하는 운전을 해야 한다는 규정이 있어요.

고령운전자 표식

70세 이상의 운전자에게 고령자 운전자 표식(실버 마크)을 붙여 안전 운전을 유도해요. 단풍색의 이미지인 실버 마크는 원래 클로버 마크였어요. 노인의 약한 이미지를 고려한 디자인이에요. 청각 장애자의 경우 나비 문양의 마크를 붙이고, 지체 부자유의 신체장애자는 클로버 마크를 붙여요. 휠체어 마크는 모든 장애자가 이용하는 차량임을 알리는 마크인데 어디서나 쉽게 구하여 부착할 수 있어요.

145 자동차세(稅)와 장애 등급

자동차의 과세 기준일은 4월 1일이고 소유자와 사용자에 대해 보통세의 하나로 과세해요. 등록 시기와 총배기량을 고려하고 경차, 에코카(친환경 자동차), 클린디젤로 구분해서 경감 조치해요. 신차나 중고차를 구입할 때 취득세, 중량세, 자동차세를 내게 되지요.

장애자의 경우 등급에 따라, 지자체에 따라 경감액의 차이가 있어요. 대체로 총 배기량 2,000cc 이하의 경우 1, 2급 장애자는 면제를 받고 2,000cc를 넘으면 초과분에 대해 과세해요. 우리나라의 경우 장애자가 2,000cc를 넘으면 승용차의 경우는 자동차세의 혜택을 주지 않아요.

146 안마 의자

안마의자 구입을 위해 가전판매점에 갔어요. 담당 직원이 회사별, 제품별 특징을 설명하고 사용자의 연령과 사용 시간 등을 물은 뒤 체험을 권유해요.

A사는 중소기업이나 원래 치료용 베드 제작으로 시작했대요. 롤러가 나무 제품으로 되어 있어요. 롤러의 크기가 어떤지 설명해 주더니 주로 노년층이 사용하기에 좋다고 하네요. B사는 의료기기 전문 메이커로 롤러가 비교적 딱딱한 느낌이며, C사는 대기업 제품으로 부드럽지만 강도가 약하다는 등의 설명을 해요. 발판까지 있는 것은 편리하나 그 부분만큼 장소를 차지한다는 것, 발판은 보급형 발판을 끼워서 대신 사용할 수 있다는 등 설명을 해요.

고령화 사회가 되어 안마 의자 붐이 일었어요. 시장이 커지자 전기제품회사가 앞 다투어 개발하여 상품을 내놓아요(2001년 기준). 파나소닉, 후지의료기, 패밀리, 산요, 슬라이브, 아텍스, 츠카모토에임, 아린코, 닥터에어, 오므론 등이 있어요. 안마 의자는 안개와 습기가 많은 북유럽에서 시작되었다고 해요. 하지만 카메라나 자동차가 그랬듯 지금은 일본산이 주를 이룬다고 해요.

147 신체장애자 수첩

후생노동부에서 정한 기준에 의거 장애자 수첩을 발급해요. 시각·청각·평균기능, 음성·언어·저작기능, 지체부자유, 심장·신장·호흡기·방광 또는 직장·소장·간장 면역 기능에 장애가 있는 경우 교부해요. 등급은 1등급부터 6등급까지 있어요.

발급과정은 아래의 순서에 따라요.

① 구청의 복지과: 설명과 지정의사의 진단서 용지 교부

② 의료기관: 검사, 측정 등 진단서 작성

③ 구청복지과: 수속, 심사, 재생 상담소(의사 등)

④ 복지과 발급: 문서 연락, 인감, 신체장애수첩 교부

신청 후 약 한 달 반 이상 지난 후에 발급되며 지정의사의 진단이나 의견서대로 등급이 매겨지는 것은 아니에요. 심사가 꽤 까다롭고 특히 1, 2등급의 경우는 시간이 더 걸리는 경향이 있지요.

경찰의 냄새

148 교통 단속

안전벨트 미착용, 운전 중 핸드폰 사용, 음주운전 등 교통단속을 수시로 해요. 단속은 달리는 차량의 제 속도를 유지하게 하면서 해요. 100m나 200m 정도 전방에서 중앙 차선이나 갓 차선에서 위반차량을 적색 깃발로 신호를 해요. 먼 후방에서 무선 마이크로 차량 번호를 불러 갓길에 세운 뒤 단속해요.

또 다른 방법으로는 차선을 줄여서 그물에 가두는 방식이 있어요. 모른 척하고 미리 다른 길로 뺑소니를 치면 대기 중인 순찰차와 오토바이가 즉시 따라와요. 토요타 크라운 순찰차는 일반 차량의 크라운보다 마력과 출력이 훨씬 크다고 해요. 그리고 경찰 오토바이의 운전 솜씨는 경주 선수급이라고 소문이 나 있어요.

149 주차 단속

주차 단속 경찰관이 바퀴 접지 면에 T자를 긋고 분필로 시간, 분을 표시해요. 자전거나 순찰차로 돌면서 긴 막대에 분필을 꽂아 써요. 주로 여자 경찰(婦警)이 하는데 인도에 주차된 차가 통행인에게 방해가 되면 체크리스트를 들고 가서 차주가 올 때까지 시간을 재고 있어요. 교토처럼 관광객이 많은 경우 심야 2~3시의 이면 도로에서도 단속이 이루어지고 있어요.

그런데 점심 시간대의 경우 식당이 있는 곳은 단속을 소홀히 하는 경향을 보여요. 벌점과 벌금은 대체로 1~3점에 10,000엔에서 18,000엔으로 단속자의 판단에 따라요.

150 DMB와 핸드폰

자동차에 내비게이션과 TV가 장착되어 있으나 바퀴가 움직이면 TV를 수신할 수 없게 되어 있어요. 운전자는 내비게이션을 볼 수 있고 조수석에서는 TV를 시청할 수 있는 듀얼시스템 내비게이션도 나오고 있어요.

운전 중에 휴대폰을 사용 단속을 엄하게 하고 언제 나타날지 모르도록 숨어서 단속하는 경우가 많아요. 일단 적발이 되면 항변할 수 없어요. 이의를 제기하면 취조를 받고 혼쭐나게 고생하지요. 거짓말에 대해선 용서가 없어요. 운전 중 휴대폰 사용 시 교통 범칙금 9,000엔과 위반점수 2점을 부과해요.

151 국제운전면허증

일본에서 국제운전면허증은 우리나라와 같이 유효 기간이 1년이에요. 유효 기간이 끝나면 관할 거주 경찰서에 반납하라고 면허증 발급 주의 사항에 기재되어 있어요. 반납을 대수롭지 않게 생각하고 기간을 넘긴 뒤 경찰서에 별도의 용무가 있어서 간 적이 있어요. 엉뚱하게도 국제운전면허증을 반납하지 않았다고 추궁을 당해 혼난 적이 있네요. 국제운전면허증을 발급받을 때 사진이 최근의 3개월 이내의 것이 아니라고 퇴짜를 맞기도 했어요.

운전면허서류 작성에서도 원칙이나 기준에 벗어나는 경우 조금의 융통성도 없어요. 별것 아니려니 한 사항이 크게 중요시되거나 반대로 이건 중요하겠지 한 것은 사소하게 간주되어 처리되는 경우가 있어요.

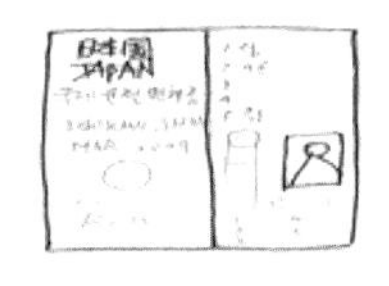

152 주차 위반 단속과 특례

외국의 공관 차량이나 국제기관의 차량은 주차 단속의 예외에 해당하지요. 1, 2등급 장애자 차량에 대하여 경찰공안위원회의 심사를 거쳐 '주차 위반 제외 카드'를 발급해 줘요. 이걸 받으면 상식적으로 주차하면 안 되는 도로 및 구역에서도 주차위반 범칙금을 물리지 않아요. 카드는 운전석 앞 유리창 안에 놓으면 돼요.

주차 위반 차량에 대해 스티커를 발급하기도 하지만 자물쇠, 걸고리, 족쇄를 차량에 묶는 경우도 있어요. 이렇게 되면 경찰서에 연락하여 풀도록 해야 하고 고정 장치를 임의로 파손할 수 없어요. 자동차 운전을 할 때 주·정차 위반 단속이 제일 무서워요. 감시 카메라로 단속하기보다 경찰관이 직접 해요. 택배를 위해 잠시 정차하는 등 납득할 만한 사정인 경우 단속을 하지 않지요.

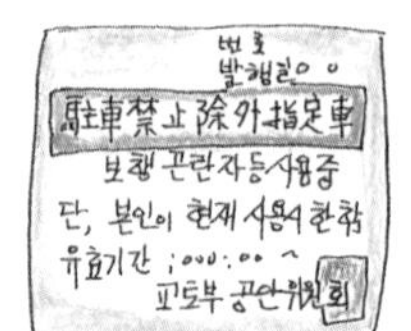

153 뺑소니 검거

경찰서 정문에 몽타주 얼굴의 입간판이 세워져 있어요. 수배자의 키나 인상착의를 쉽게 알 수 있어요. 뺑소니 사고의 방송을 볼 때가 있어요. 수첩을 들고 주변의 집을 찾아가 탐문하는 장면이 보여요. 사고 현장의 파편을 찾기 위해 모자를 뒤로 쓰고 핀셋과 카메라를 든 채 아스팔트 바닥을 기는 장면이에요. 빗자루와 쓰레받기로 쓸어 담는 것은 물론 청소기로 빨아들이고 있어요. 빗물에 젖은 도로에서 수건으로 적셔서 바닥의 물을 수거하는 장면도 보게 되지요. 최근에는 자동차 파편 조각 하나로 제조사와 차종을 즉시 알 수 있는 도구가 개발되었다고 하네요.

주차장의 냄새

154 수입차와 주차장

수입차에 대한 관세가 없어요. 관세 부담이 없음에도 불구하고 수입차는 그다지 눈에 띄지 않아요.

원인은 주차할 수 있는 주차장이 거의 없다는 점이에요. 3넘버차(대형차의 번호가 3으로 시작해서 이렇게 부름)와 수입차는 주차를 거절한다는 팻말을 내세운 주차장이 대부분이기 때문이에요. 보이지 않는 수입차 규제가 되어 버리는 셈이지요.

155 견인차

경찰관이 주차 단속을 할 때 견인 조치를 하는 것을 보았어요. 주차 위반 차량(승용차)을 견인하는 데 3분도 걸리지 않네요. 경찰관의 서류에 견인차 직원이 사인을 하고 견인을 완료한 후 도로 바닥이나 담벼락에 견인 조치 사실과 차량 보관 안내서를 붙여 놓네요.

요철(凹凸) 형태의 작은 쌍바퀴 축을 연결하여 견인 대상 차량의 앞뒤 바퀴를 모두 재키로 올려놓고 견인하는데, 순식간에 처리해요. 위반 차량에 손도 대지 않고 끌고 가요. 흠집 하나 없게 견인하니 손상 여부로 차주와 트러블이 생길 일이 전혀 없게 되네요.

156 구청의 주차장

동사무소와 구청을 합한 형태를 구역소라고 하는데 대체로 주차 공간이 협소해요. 구청의 주차장은 제한 시간을 넘으면 유료 처리되는 경우도 있어요. 그래서 일본에서는 자전거나 바이크가 최고 편리해요. 차 없이는 살아도 자전거 없이는 못 사는 사회예요.

157 고속도로 휴게소

'히메이지성(姫路城)'에서 '산요(山陽)' 고속도로의 중간에 있는 휴게소에 들렀어요. 주차장에 승용차 한 대가 사이드 미러를 접고 주차를 해요. 노부부가 내려서 휴게소로 들어가다가 뒤를 돌아보더니 도로 차에 가서 엔진을 걸어요. 전진과 후진을 반복하더니 주차구역에 반듯하게 세워놓네요. 기름 한 방울, 돈 1엔도 아끼고 귀하게 여기며 따지는 일본인인데, 주차 방향이 어긋났다고, 바퀴가 조금 틀어졌다고 시동을 다시 걸고 정렬시키는 것이 조금 이상하고 납득이 가지 않았어요. 일본 사람들이 자주 쓰는 말 중에 '마음이 놓이지 않는다(기가스마나이: 氣が濟まない)'란 말이 있어요. 일처리에 있어 정확하게 매듭을 지어야 마음을 놓는 경향이 있어요.

158 은행과 주차장

은행, 신용 금고는 대부분 주차장을 확보하고 있어요. 물론 영업시간 이외에는 주차장 문을 닫아요. 은행 업무 이용 시간이 짧은 탓인지 주차공간이 크지 않아도 차량의 출입이 빈번해요. 은행 안에는 도우미가 있어 장내 정리와 담당 부서 안내로 신속하게 일을 볼 수 있도록 도와주어요. 창구가 바쁘거나 대기 손님이 밀려 있으면 대리나 차장, 지점장이 접객하면서 대기 손님 수를 줄여요.

159 자율 주차티켓

경찰서 지정의 시간제한 주차 구역에는 주차장 관리원이 없는 곳이 있어요. 운전자가 파킹미터에 돈을 넣고 티켓을 뽑아서 자동차 전면 안쪽 유리창에 붙여 놓아요. 티켓의 윗부분은 접착제가 칠해져 있어서 사용하기 쉽게 되어 있어요. 발급 시간과 종료 시간이 인쇄되어 있고 하단에는 영수증이 인쇄되어 있어요.

화물차, 이륜차 등의 전용 구간도 있어요. 대체로 제한 시간은 1시간 이내이며 평일과 공휴일의 요금이 달라요. 주차장에 따라 요금 지불 방법이 사전(事前), 사후(事後)로 나뉘어요. 주차 구획을 벗어난 차량 또는 제한 시간을 초과한 차량은 주차 위반이 되지요.

병원의 냄새

160 병원 수납

병원에 들어와서 진료, 처방, 입원, 검사 등을 모두 마친 뒤 병원을 나올 때 한 번에 수납해요. 대부분의 검사는 보험처리되지요. 보험이 안 되는 특수한 검사나 수술의 경우는 국가에 임상 허가를 얻거나 상급 기관에 요청하여 비용을 경감해요.

한 사람의 한 달간 병원 진료비는 일정액을 초과하지 않아요. 어떤 중병이라도 초과분에 대해서는 환급시켜 주지요. 장애 1급일 경우 소득이 적으면 거의 모든 진료, 수술에 0엔이 들어요. 단 입원 식비는 본인 부담이고 입원실이 특실, 1, 2인실인 경우는 차액을 내며, 4~6인실의 보험이 적용되는 경우는 기본으로 혜택을 받지요. 의사의 판단에 의한 특별 조치로 상급 병실을 이용하는 경우에도 혜택을 받을 수 있어요.

병원에서 치료를 받을 때 의료비 상한액이 있어요. 소득과 고령자 등에 따라 다르나 월 35,000~44,400엔 범위 내에서 지불하지요. 외래의 진료를 할 때 병원비는 8,000엔~12,000엔 범위 내에서 청구되지요. 중병에 걸려서 얻게 되는 경제적 부담으로 파산하는 경우는 거의 없게 되었지만 간병하는 동안에 일을 못하게 되어 발생하는 경제적·시간적 부담으로 가계 운영이 어렵게 되는 경우는 있어요.

161 병원, 명의, 지역 의사회

유명한 의사라고 해서 수도에 있는 도쿄대 부속 병원이나 도쿄 소재의 큰 병원에만 집중되어 있지 않아요. 전국적으로 병원과 명의(?)가 분야에 따라 분산되어 있어요. 의사 직종 자체가 가지는 어려움에 더하여 지방이나 벽지, 오지, 섬 등의 근무 등의 요인으로 의사를 기피하는 현상은 두드러지고 있어요. 지역 의사 부족 현상도 점차 심각해지고 있죠. 또한 의료 사고에 대해 민감한 반응을 보이는 경향도 있어요. 환자와의 신뢰 관계에서 어려움을 겪기도 하죠. 의사는 힘든 직종으로 인식되어 가고 있어요.

개인 병원인 경우 일요일 외에 주중에 휴무일을 하루 정하고 있어요. 이날은 쉬는 날이기도 하지만 지역 의사회의 분야별 의료연수, 의료정보 습득, 정보 교류의 시간을 갖는 날이기도 해요. 특이한 환자에 대한 정보는 다른 병원에도 공유하고, 반대로 이름난 병원이나 의사에는 환자가 몰려서 대기 시간이 길어지기도 해요.

162 휴일병원, 응급병원

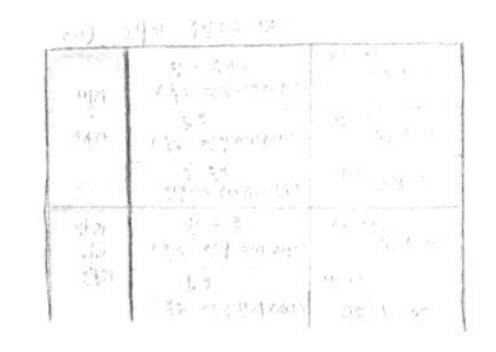

휴일(축·일요일) 응급 병원이 시 또는 구역에 설치되어 있어요. 국공립 병원에 근무하는 의사가 당번제로 근무해요. 국립대학 부속병원의 의사도 당번을 해요. 진료과와 시간에 따라 지역 간 병원의 차이가 있어요.

예를 들어 오사카의 중앙응급병원의 경우 내과와 소아과는 월요일부터 금요일까지는 22:00~익일 5:30, 토요일은 15:00~익일 5:30에 진료하며, 일요일·축일과 연말연시(12월 30일~1월 4일)에는 17:00~익일 5:30이 진료시간이에요. 안과와 이비인후과의 경우 월요일부터 토요일까지 내과, 소아과와 같아요. 일요일과 경축일은 진료하지 않아요.

163 출산과 얼음찜질

출산을 하면 산모는 뜨끈뜨끈한 미역국을 먹었지요. 산모가 찬바람을 맞으면 나중에 삭신이 쑤시게 된다고도 했어요. 아궁이에 장작불을 지펴 절절 끓는 방에서 산모가 땀을 내도록 했던 것이 우리의 산후 조리법이지요.

일본에서 출산을 하게 되었어요. 산부인과의 출산대 옆에서 남편이 함께 있도록 하네요. 아이가 나오자마자 산모의 아랫배에 얼음주머니를 얹어 찜질을 해서 산모가 기겁을 하였어요. 산모의 자궁에 피가 남지 않도록 냉찜질을 해야 한대요. 한국의 산모는 일본의 산후조리 방법을 겪고 충격을 받았어요. 산모에게 이상이 없으면 다음날 퇴원 조치를 시키네요. 1996년 국민건강보험의 교토시 출산수당이 20만 엔이었어요. 구청에 출산신고서를 작성하여 제출하는 즉시 현금 지급을 하네요. 지금은 조금 차별화되어 주부의 경우 약 30만 엔을 지급하고, 월급이 25만 엔 회사원이 산휴를 90일 신청했다면 약 50만 엔 정도가 지급되어요.

164 안과의사 '니시다(西田)', '오시마(大島)' 선생

아이가 희귀병을 앓고 있는 관계로 눈 수술이 어렵다고 하던 중, '오사카 모자(母子) 센터'에서 야마구치(山口) 대학 병원을 소개받았어요. 다른 아이는 도쿄 대학 병원을 소개해줬다고 알고 있었는데 우리에게는 지방의 국립대학 병원을 소개해 주어 의아한 생각이 들었어요.

소개받은 의사는 각막 전문인 '니시다 테루오(西田 輝夫)'**** 교수였어요. 젊은 시절 오사카 대학 병원에서 근무할 때부터 이미 시각장애자들 사이에서 유명한 분이란 사실을 알게 되었어요. 환자를 위해 의사는 존재하는 것이라고 입버릇처럼 말했다고 해요. 자기를 찾아오는 것만으로 너무 감사하게 생각한대요. 예전에 오사카에 있을 때 이런 소문이 있었대요. 병원에 찾아오기 어려운 사정의 환자가 있으면 의료기기를 가지고 가서 진료를 하던 의사였다고요. 야마구치 대학 병원 안과 간호원들은 '신의 손'이라고 부르고 있었어요.

대기하고 있던 우리 앞에 커튼을 열고 나왔어요. 거구의 몸에 환한 미소를 띠고 "안녕하세요?" 서툰 한국말로 인사말을 하네요. 더 이상의 한국어는 몰라서 미안하다며 일본말로 하겠대요. 진찰과 검

**** 니시다 테루오(西田 輝夫) 선생은 일본인과학회상과 세계각막학회에서 주는 카스트로비요(Castroviejo Medal)라는 각막계의 노벨상이라는 상을 받기도 했어요. 후에 야마구치대학의 학장도 했지요.

사가 끝난 후 이런 병의 환자는 처음이라서 수술을 쉽게 할 수 없다고 했어요. 자기는 이 병에 관한 연구에서는 너무 부족하다며 지금으로서는 뭐라고 말하기 어렵다고 했어요. 멀리서 나를 찾아왔는데 좋은 답변을 해 주지 못해서 너무 미안하다며 고개를 숙여 사과까지 했어요. 허탈한 마음으로 집으로 돌아왔어요.

사실 오사카의 집에서 야마구치 대학 병원까지는 자동차로 600㎞ 거리였어요. 꼭두새벽에 출발해서 늦어도 10시에는 도착해야 환자 대기 시간을 줄여서 진료를 볼 수 있어요. 신칸센을 이용하면 빠르기는 해도 비용이 많이 들어요. 지하철로 신오사카에 가서 거기서 신칸센으로 신야마구치역으로, 우베선(宇部線)으로 환승하여 우베신카와(宇部新川)역에 도착하면 버스를 타고 대학병원까지 가야 하지요. 비행기로도 간 적이 있어요. 오사카 공항에서 국내선을 타고 야마구치우베(山口宇部) 공항까지 가서 택시를 탔어요.

한 달 후 병원에서 연락이 왔어요. 이 병과 관련된 보고서 2,000편 이상을 조사한 결과 핀란드의 의사가 수술했다며 영문보고서의 복사본을 건네줬어요. 자만은 아니나 핀란드에서 성공을 했다는 것을 보고 자신이 생겼다며 여러 방면으로 조사를 했다고 하네요. 자기에게 맡겨 준다면 최선을 다하겠대요. 망막 분야의 권위자인 후쿠오카(福岡) 대학 병원의 '오시마 겐지(大島 健司)' 교수에 의뢰하여 그곳에서 검사를 받고 소아용 특수 기기를 빌려왔어요. 니시다 선생님이 후쿠오카 병원에 가서 오시마 선생님과 사전협의를 하는 등 모든 준비를 마쳤어요. 니시다 선생님은 각막이식을, 오시마 선생님은 망막을 담당하셔서 한 번에 두 선생님의 협력 속에 수술이 진행되었어요.

사전 수술에 관한 브리핑을 그림을 그려가며 진행 과정을 설명하고, 수술 후에는 내용과 담당했던 사람을 설명했어요. A에서 B까지는 니시다, C에서 D까지는 아무개 교수가, E에서 F까지는 또 다른 아무개 교수가 했노라고 K선생이 설명을 했어요. 또한 정기 검진 때에는 아무개 의사가 미국에 유학을 가지만 다음 사람에게 맡겨도 충분하다며 안심을 시켰어요.

니시다 선생님, 오시마 선생님을 비롯하여 많은 선생님들 덕분에 수술이 성공적으로 되었어요. 고마운 마음 평생 잊지 못해요.

여행의 냄새

165 도쿄 사람과 오사카 사람

도쿄 사람들은 표준어를 사용하고, 점잖고 예의범절을 중시하는 문화의 도시라고 자부해요. 야구팀의 요미우리 자이언트의 근거지이지요. 남의 이목을 중시하고 자제심을 잃지 않으며 감정보다는 이성을 중시하고 개인을 소중히 여긴다고 생각해요. 규칙과 질서를 준수하며 시간관념이 철저하고 수도이자 국제적 무대에 살고 있다는 긍지를 갖고 있어요.

오사카는 한신 타이거즈의 본거지이지요. 상업도시로서 금전적 이해에 밝아요. 적극적 행동 패턴을 보이고 인정이 넘치는 사람들이 모여 사는 곳이라고 해요. '오사카 아줌마'라는 말이 있을 정도로 중년 여성들의 기가 세지요. 오사카 방언은 희극적, 낙관적 표현이 발달해서 유머와 재치가 넘쳐요. 문학이나 연예계의 사투리와 만담, 개그가 일상적 회화 속에 넘쳐요. 무질서 속의 질서, 먹는 게 남는 것, 약간의 뻔뻔함과 재미가 삶의 중요한 부분이라고 생각하지요.

도쿄는 전국시대에 도쿠가와 이에야스(德川家康)의 거점이었어요. 오사카는 도요토미 히데요시(豊臣秀吉)의 중심지였다는 역사적 배경이 있어요.

166 홋카이도(北海道)와 눈(雪)

홋카이도는 전국 47개 도도부현(都道府縣) 중에 한 '도(道)'예요. '도(道)'란 1개의 섬을 가리키는 행정 단위지요. 국토의 북단에 있으며 면적이 약 8만㎢로 남한 면적이 10만㎢이니까 대충 넓이를 짐작할 수 있어요.

일본은 크게 4개의 섬으로 되어 있어요. 면적을 알기 쉽게 비율로 이렇게 설명한대요. '혼슈(本州)의 3분의 1이 홋카이도, 홋카이도의 2분의 1이 큐슈(九州), 큐슈의 2분의 1이 시코쿠(四國)'라고요.

홋카이도는 일본의 부엌이라고 일컬어질 만큼 식재료를 생산하고 있지요. 겨울에는 눈이 많이 와서 신호등도 세로 형태이지요. 도로 옆에는 적설량을 표시하는 장대가 꽂혀 있어요. 도청 소재지인 삿포로의 '오오토오리'에서 열리는 겨울의 '눈 축제'는 유명해요. 홋카이도 대학은 농과대학으로 시작되었는데 초대 학장이 바로 'Boys, be ambitious!'란 말을 남긴 클라크 박사이지요.

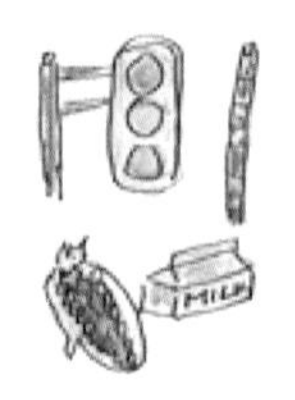

167 홋카이도(北海道) 단상(斷想)

홋카이도의 지명을 제대로 읽을 수 있는 일본인은 많지 않아요. 예를 들면 '오쇼로(忍路)', '파시쿠루(馬主來)', '톤케시(富岸)' 등을 들 수 있는데 원주민인 아이누족이 불렀던 지명을 한자로 표기해서 그래요. 이 황량한 땅을 개척한 사람은 본토의 극빈자, 죄수, 중국인 노동자, 그리고 조선에서 온 징용자였어요.

지금의 아름다운 관광지 이면에는 조선 징용자의 슬픈 과거도 있네요. '아바시리(網走)'는 추위와 배고픔으로 힘들어하던 죄수들이 수감생활을 하며 개척했던 감옥소가 있던 곳이에요. 이 속에서 중국이나 조선의 징용자는 고된 노역 속에 생을 마감했다고 해요.

일본에는 교토의 망간 탄광, 야마구치 우베시(宇部市)의 해저터널, 후쿠오카의 제철소, 교토의 우토로 비행장 등 징용과 관련된 아픈 흔적이 곳곳에 남아 있지요.

168 해외여행과 매너

전후 경제 개발에 성공한 일본은 그 결실로 해외여행 붐을 맞이했어요. 1970년대에 시작하여 1980년대에 피크를 이루었지요. 유럽과 미국의 여행지에서 일본인은 매너가 없다고 서양인들의 눈총을 샀어요. 해외에 나가면 큰소리로 나대고 멋대로 행동하기 쉽게 되지요. 이에 비판과 자성의 목소리가 크게 일어났어요.

서점가에는 해외여행 매너에 관한 책이 많이 있어요. 그 덕인지 오늘날은 일본인 관광객에 대한 평이 좋다고 해요. 오늘날은 중국인들이 해외여행이 늘고 있는데 고성과 흡연, 무질서로 인상을 찌푸리게 하네요.

169 공항 리무진 버스

공항에서 리무진 버스를 탈 때 파란 제복의 짐꾼들이 행선지를 확인하고 짐 하나하나에 번호표를 주어요. 버스의 짐칸의 바닥 플레이트가 움직이도록 되어 있어요. 구석까지 짐을 쉽게 실을 수 있죠. 안전그물망이 있어 가방이 휩쓸리지 않게 되어 있네요. 목적지에서 내리면 대기하고 있던 짐꾼이 번호표를 확인하고 짐을 찾아 주어요. 공항리무진이 한쪽 방향으로 기울어져 있어요. 손님이 타기 쉽게 바닥이 내려가 있다가 출발할 때는 바닥이 올라가 평평해지네요. 짐꾼은 버스 기사에게 수고하라며 정중히 인사를 하고 기사도 수고했다고 하며 인사말을 주고받아요.

장거리를 운행하는 공항리무진 버스에는 화장실이 있어요. 버스 앞에 있는 화면에 일본어, 영어, 한국어, 중국어 4개 국어로 버스 이용에 따른 안내가 나와요. 비행기의 좌석처럼 의자 뒤의 주머니에는 관광에 필요한 여러 가지 선전물을 비치해 놓았어요. 좌석 팔걸이에 보조 의자가 붙어 있네요.

170 ANA(全日本空輸)

부부 회갑여행을 아키타(秋田)현의 '뉴토(乳頭) 온천'으로 갔어요. 오사카 '이타미' 공항에서 아키타 공항까지 '전일공(ANA)'의 쌍발 프로펠러기를 탔어요. 기내에는 승객이 많지 않아 한가로운 가운데 아내와 함께 사온 도시락을 나누어 먹으며 담소를 했어요. 스튜어디스가 다가와 따스한 물과 차가운 물 중 어느 것을 원하는지 묻고 갖다 주었어요. 스튜어디스가 다시 조심스레 와서 어디를 가느냐고 묻기에 큰딸 덕에 회갑여행으로 '뉴토' 온천에 간다고 했지요.

차창 밖이 구름에 가려서 시야가 잘 안 보일 때도 있었고 일본 지형이라 어디를 가고 있는지 짐작을 할 수 없었어요. 스튜어디스가 잠시 후에 ANA의 항공국내노선도를 가지고 오더니 위치를 대강 짐작하며 보라고 줬어요. 조금 후에는 엽서를 써 가지고 와서 주네요. 즐거운 여행이 되길 바란다는 말과 함께 착륙하면 잠깐 뵐 수 있으면 좋겠다고 해요. 눈발이 휘날리는 속에서 트랩을 내려왔어요. 프로펠러 비행기 앞에서 승무원들이 핸드폰으로 사진을 찍어 주면서 미소로 배웅하네요.

ANA의 승무원이 준 엽서 내용이에요.

오늘 저희 비행기에 탑승해 주셔서 감사합니다.

온천 여행 즐거우시길 바랍니다.
이야기를 나눌 수 있어서 즐거웠습니다.
아키타(秋田) 현은 눈이 내리고 있어서 추울 것입니다.
부디 건강에 유의하시길 바랍니다.
뜻깊고 멋진 여행이 되길 기원합니다.
— ㅇㅇㅇ편 승무원 ㅇㅇㅇCP ㅇㅇㅇ 올림

171 설상차(雪上車)

첫째와 셋째 아이와 함께 서점에서 지도책을 사서 무작정 여행을 떠났어요. 숨은 온천이라고 소개된 곳이 있어 운 좋게 당일 예약까지 했죠. 도후쿠신칸센을 타고 모리오카(盛岡)에서 아키타(秋田)신칸센으로 갈아탔어요. 다자와코(田澤湖) 역에 내려 다시 버스를 타고 '뉴토' 온천 마을의 '츠루노유(鶴ノ湯)'라는 여관에 도착했어요. 부근에는 '다자와(田澤)' 온천 마을과 '마츠가와(松川)' 온천 마을이 있었어요. 다음 날 '타마가와(玉川)' 온천에 갔어요.

눈이 매우 많아 내려갈 수 있을지 걱정을 했지요. 손님을 싣기 위해 마중 나온 차의 바퀴가 특이했어요. 한 대는 중형 버스였는데 바퀴가 삼각 주먹 김밥 모양에 작은 캐터필러가 타이어를 대신한 모양이었어요. 다른 한 대는 지프형의 트럭이었는데 바퀴가 포클레인 같은 고무 캐터필러였어요. 2m가 넘는 폭설로 도로 가장자리가 눈 담벼락처럼 되었어요. 그 담벼락 사이를 누비며 계곡과 언덕을 지나 타마가와 온천을 향할 때 승객 모두 흥분으로 탄성을 내었지요. '츠루노유'는 후일 '아이리스'라는 드라마의 촬영지로 우리나라에도 알려지게 되었어요. 타마가와 구관(舊館)에서는 훗날 암반욕을 하다가 가스 중독으로 사망자가 발생하기도 했어요.

172 '이미자'와 '미소라히바리(美空ひばり)'

교토의 '아라시야마'를 구경하다 보면 '미소라히바리 기념관'이 있어요. '미소라히바리'는 쇼와(昭和)시대(1926년부터 1989년을 일컬음)의 국민가수라고 불리지요. 부친이 한국인으로 한국계라고 해요. 우리나라의 가요의 여왕 '이미자' 씨처럼 온 국민의 사랑을 받았던 가수였어요. 일본에서 험담을 할 수 없는 존재가 있다면 텐노(天皇)와 미소라히바리일 거예요. 지금은 기념관이 폐관되고 기념물을 우즈마사 영화촌으로 이전하여 전시하고 있어요. 또한 동경에 미소라히바리 기념관을 새로이 개설했다고 해요.

우리나라의 트로트의 여왕 이미자 씨의 기념관이 없다는 것이 가슴 아프다는 생각이 들어요. 이미자 씨의 전설적인 목소리와 미소라히바리를 비교한다면 이미자 씨의 노래와 목소리가 단연 위라고 생각해요. 히바리는 죽어서도 영웅 대접을 받고 있어요. 우리 한 번 '이미자 기념관 건립운동'을 벌여 보면 어떨까요.

173 호텔 수건, 건조대, 벼 말리기

숙박업의 종사자들이 손님의 차가 떠난 뒤에도 고개를 계속 숙이고 배웅하고 있어요. 감사의 마음을 전하는 것이에요. 숙소의 수건은 보송보송한 느낌을 주어요. 수건 한 장을 보송보송하게 만들려면 세탁기에서 꺼낸 뒤 스무 번 이상을 털어야 한다고 해요.

시골 가정의 세탁물을 긴 통대나무에 꿰어서 말리고 있어요. 접힌 자국이 없도록 해요.

가을 벼를 베어 나락을 시렁에 거꾸로 매달아 건조시켜요. 영양분이 마지막까지 아래로 내려온대요.

스포츠의 냄새

174 1996년 애틀랜타 마라톤 대회

일본인들은 육상 경기 중 마라톤에 대해 유난히 관심이 많아요. 1996년 미국 애틀랜타 국제 마라톤 대회에서 우리나라 '이봉주' 선수가 순위 다툼을 벌였어요. 연도에서 태극기를 흔들며 열렬히 응원하는 교민의 모습을 TV에서 보았어요. 외국에서 보는 태극기의 모습에 나도 모르게 눈시울이 붉어졌어요. '이봉주' 선수가 2위로 들어와 은메달을 목에 걸었어요. 일본 선수는 입상을 못 했지요.

그런데 중계 방송에서 조금 이상한 것을 느꼈어요. 태극기는 군데군데 모여서 흔들기 때문에 화면에 가끔씩 보였어요. 일장기는 대회의 시작부터 끝날 때까지 항상 비춰졌어요. 깃발을 흔들며 응원하는 일본 사람들은 마라톤 코스에 띄엄띄엄 길게 늘어 서 있어요. 때로는 대형 일장기를 한 사람이 들고 뛰니까 휘날리는 깃발이 화면에 크게 차지하네요. 대부분의 다른 나라도 옹기종기 모여서 응원을 하고 있어요.

175 골프

우리나라의 골프가 세계에서 상위를 차지하고 있어 일본 사람들이 매우 부러워하지요. 일본의 골프장 수효는 약 2,400곳을 넘어 세계 2~3위를 차지한다고 해요. 점차 감소하는 추세에 있어요. 회원권은 휴지조각이 되다시피 한 곳이 많아요. 재생 실패로 외국자본이 들어와 인수하는 곳도 있어요. 외국기업이 인수한 곳은 타월, 비누, 칫솔을 비치하지 않은 곳도 있지요.

그린피는 교통편, 시간, 경관, 역사에 따라 천차만별이지요. 몇 천 엔에서 20,000엔 대까지 다양해요.

176 버블과 골프의 아류(亞流)

일본의 골프장 수효는 1975년에 1,000개를 돌파, 1992년에 2,000개가 넘었고 2011년 기준으로 2,400여 개로 세계 2위라고 해요. 어느 통계에는 3위라고도 해요. 지나친 경쟁과 버블경제의 붕괴로 회원권은 휴지가 되었고 골프장 경영은 어렵게 되었어요. 골퍼들에 있어서는 가격이 싸져서 반가운 일이지만 관련 산업이 도산의 지경에 있어요. 경기 탈출을 위해 인기 선수 유치, 특히 외국인 유명선수가 오는 것을 환영하며 매스컴에서도 크게 다루고 있지요.

손님을 유치하기 위해서 서비스는 고급화하되 비용은 절감하는 경영을 하지요. 시합이나 접대가 아닌 한 대부분 노캐디 플레이를 하지요. 물론 카터의 이용료는 없어요. 온종일 무제한 플레이가 가능한 곳도 있어요. 연습장이나 골프용품점에 파격적인 할인 티켓을 뿌려 대기도 해요.

반대로 비싼 곳도 있어요. 경치가 발군인 곳, 역사가 깊은 곳, 국내외 시합을 자주 하는 곳, 교통이 매우 편리한 곳 등은 비싸요. 목욕탕이 온천수라든지 라커룸의 옷장에 예약자 이름이 게시되어 있어 품위를 높이곤 해요. 또 고급 요리가 나와서 호텔 버금가는 식사가 가능한 곳도 있어요. 특히 여성 고객을 끌기 위해 여성 고객의 취향을 연구해서 그린 주변의 조경에 힘쓴다거나 클럽하우스의 인테리어를 중시하는 곳도 있어요.

고령자를 위해 골프를 변모시킨 형태의 운동을 만들어 즐겨요.

- 타겟 버드 골프(Target bird golf): 골프공에 배드민턴의 셔틀콕을 합쳐 만든 '셔틀볼'을 사용. 골프 클럽으로 공을 쳐서 우산을 뒤집은 모양의 '홀'에 넣는 경기.

- 그라운드 골프(Ground golf): 목재로 된 '전용 클럽', '볼', '볼포스트', '스타트 매트'를 사용하여 '홀 포스트'에 넣는 경기. 평지, 야산, 구릉지 등 장소가 자유롭고 면적을 크게 차지하지 않음. 게이트볼을 치던 노인들이 그라운드 골프로 바꾸는 경향이 있음.

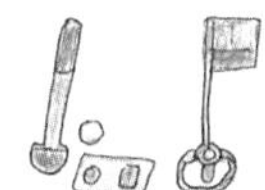

- 파크 골프(Park golf): 홋카이도에서 시작, 골프보다 짧은 코스, 클럽은 목재형 1개, 당구공 크기의 볼로 홀에 넣는 경기. 기존 골프와 유사하나 평지나 들, 야산 등에 코스를 만들기 쉬우며 고운 잔디가 아니라도 코스 및 그린 조성이 쉬움. 남녀노소 쉽게 즐길 수 있어서 국내외로 빠르게 확산되고 있음.

Park Golf

177 인기 스포츠

학교에는 반드시 수영장이 있고 수영은 어릴 때부터 배우는 필수 운동이에요. 유도, 검도가 전통 클럽활동에 남아 있고 여학생도 많이 배우고 있어요.

일본을 알고 이해하려면 일본 야구를 알아야 한다는 말이 있어요. 지역별 팀, 감독, 유명 선수를 알아야 하고 수상의 이름은 몰라도 야구 선수와 감독의 이름은 알 정도지요. 일본 씨름 '스모'는 황실과 관계가 있다고 하네요.

축구, 체조, 육상, 골프, 테니스, 탁구 등에서 우수 선수나 인기 선수를 매스컴에서 집중 보도하면 일시에 유행하는 면이 있어요.

178 심판에 대한 절대복종

어떤 스포츠 경기에서도 심판 판정에 대해 불복종하는 모습을 볼 수 없어요. 무서울 정도의 복종심을 보이고 만일 불만스런 태도를 보인다면 관객이나 시청자의 따가운 시선을 면하기 어려워요. 재판이나 스포츠나 판정 결과에 대하여 불복하는 태도를 보이면 신뢰를 잃어요. 억울함이 있어도 참아야 하는 사회적 묵계가 깔려 있어요.

불리한 판결, 판정에 대해 불만을 나타내면 제멋대로의 인간, 유치한 사람으로 보아 사회적으로 매장하는 분위기예요. 설사 오심이 있다 하더라도 결과에 대해 이러쿵저러쿵하지 않아요. 오심에 따른 처리와 오심 판정 시의 규칙대로 진행할 뿐 혼란을 야기하는 분위기를 만들지 않아요.

179 일본 씨름 스모(相撲)

고대부터 내려온 전통 무도, 격투기, 스포츠의 하나로 무도(武道)와 신도(神道)가 합하여 된 국기(國技)의 하나라고 해요. '오즈모(大相撲)'는 일본 황실과 신도 종교의 결합이라고 해요. 대회장 천정과 모래 경기장의 모습에서 그 내력이 나타나 있다고 하네요. 샅바를 잡지 않고 시작하는데, 원 밖으로 밀어 내거나 넘어뜨리면 이기는 경기 방식이에요. 동서 두 패로 나누어 힘을 겨루는데 체급은 무제한이나 실력에 의해 5계급으로 나눠요. '요코즈나(橫綱)', '오제키(大關)', '코무스비(小結)', '히라마쿠(平幕)', '쥬료(十兩)'라는 단계로 되어 있어요. 제일 규모가 큰 '오즈모(大相撲)'는 '혼바쇼(本場所)'라 하여 1년에 6번 경기를 열지요. 도쿄의 국기관(3회)과 오사카, 나고야, 후쿠오카에서 열려요. 체중을 불리기 위해 먹는 '창코나베'라는 요리가 있어요. 냄비에 다시국물을 끓여서 야채와 얇게 썬 고기를 넣어가며 계속 먹는 것이에요. 유명 선수가 되면 거액의 수입을 얻지만 과체중 때문에 장수하지 못해서 많은 재산을 남기고 일찍 사망한다고 해요. 아이러니컬하게 그래서 여자들에게 인기가 많아 미인이나 유명 배우들과 결혼을 잘한다는 말이 있지요. 유명한 스승의 '씨름방(○○部屋)'에 소속되어 합숙·훈련하고 시합에 나가요. 씨름의 교육과 훈련은 도제형태로 이루어지고 있어요. 근래에는 해외 시합을 통해 국제화를 도모하지요. 선수들도 외국인 선수를 기용하여 육성시키기도 해요. 우리나라 출신도 있었고 특히 몽골 출신의 선수들이 최근 20여 년간 두각을 나타내고 있어요.

180 고교 야구에서 패자의 인터뷰

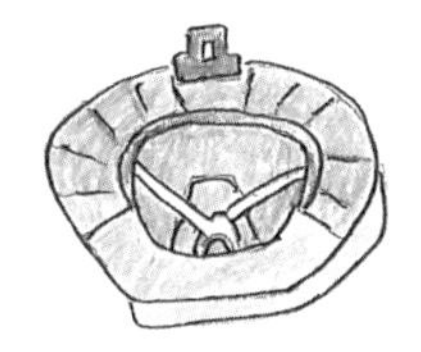

국민적 인기와 열기를 뽐는 전국고교 선발대회는 신학기와 함께 시작해요. 매주 토요일, 일요일에 각 지역별 예선대회를 실시해요. 3월 하순에서 4월 초순에 이루어지는 봄철 고교 선발대회도 있으나 여름에 실시되는 전국 대회의 인기에 못 미쳐요. 전국고교 선발대회의 역사는 1924년부터 시작되었다고 해요. 전국 47개 도도부현(都道府縣)에서 한 팀씩 선발(도쿄와 홋카이도는 2팀)하여 여름방학에 효고현에 있는 '코시엔(甲子園)' 야구장에서 실시해요. 토너먼트로 하는데 전국의 고교 야구팀이 4,000개가 넘어요.

어느 학교나 수업이 끝난 후 클럽활동을 하지요. 각 지역 예선 결과 본선 진출하여 '코시엔' 야구장에 들어오는 것 자체를 큰 영예로 생각해요. 시합 결과 패배한 팀과의 인터뷰를 방송에 내보내요. 대부분 비슷한 대답과 눈물을 훔치며 "분하다, 후회 없다, 다음을 기약한다, 그동안의 응원과 성원에 감사한다"며 운동장의 흙을 주머니에 담아 돌아가요. 고교 야구에서 두각을 나타내면 바로 프로 선수가 되어 일본 국내는 물론 미국에 진출하기도 해요.

181 2002 월드컵과 오사카의 나가이(長居) 경기장

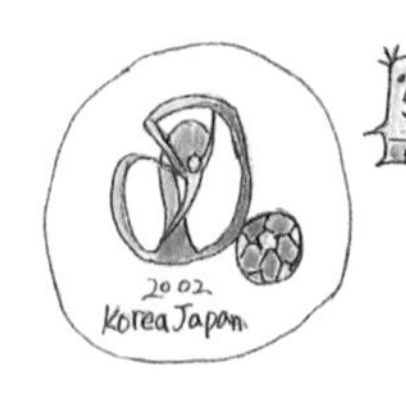

2002년 한·일 공동 주최 월드컵 경기장의 하나인 오사카시의 '나가이' 육상 경기장에서 준준결승과 준결승전이 치러졌어요. 1964년에 건립된 경기장 주변에 사는 사람들은 공원 입구에 지나는 JR 철도 노선의 건널목 때문에 오랫동안 불편했어요. 월드컵 준비로 교통 정체에서 해소될 것이라는 기대감을 갖고 있었지요. 479번 국도와 오사카 중앙으로 통하는 '아비코스지' 도로의 혼잡 주범인 'JR 한와선' 건널목은 지상 가교 몇 개만 건설되면 고가선이 완공되어 건널목이 없어지게 되지요.

그러나 건설의 완공은 서둘러 진행되지 않았어요. 공사의 진척은 없었죠. 경기 당일에 겨우 479국도의 중앙 분리대에 화분만 장식되었을 뿐이에요. 그리고 자전거와 차량을 지도하는 주차 요원의 목소리만 요란했어요. 돈 한 푼 들이지 않은 월드컵 행사였지요.

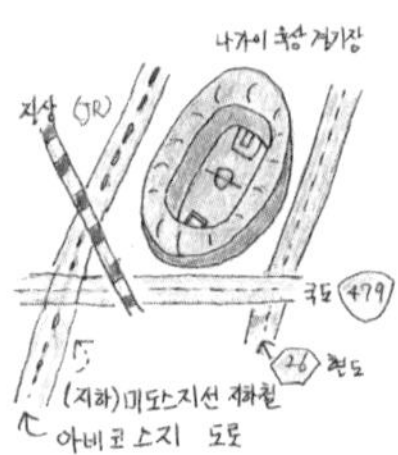

182 스포츠의 예절

중학교의 클럽활동 반에서 골프클럽 학생들의 플레이를 보았어요. 땀을 뻘뻘 흘리며 조그만 체구에 백을 메고 뛰어 다니면서 플레이하는 모습이 귀엽기보다는 훈련하는 것 같이 보이네요. '어드레스는 천천히, 그러나 볼을 치고 나서는 뗄 것', '벙커의 뒤처리는 골퍼의 기본, 남의 흔적도 깨끗이 하고 정리 도구는 나란히 하여 공에 방해되지 않는 쪽으로 둘 것', '그린의 볼 자국은 수선해 둘 것', '상대방의 플레이 방향의 앞을 지나지 말 것' 등은 코치에게 귀가 따갑게 듣는 가르침이라네요.

낯선 이들과의 골프를 칠 때 보면 잘 치지는 못해도 규칙을 잘 지켜요. 마치 국제 경기를 하는 것처럼 매 홀의 상대방 점수를 서로 물어 카드에 기록해가며 플레이해요. 기록 카드에는 퍼팅 수효를 구분해서 적지요. 어떤 골프장은 플레이를 끝내고 사무실에 가서 동반자 상호간의 사인과 확인 도장을 찍기도 해요.

스포츠나 취미 생활에서 결과도 중요하지만 자기 성찰의 과정을 중요시해요. 클럽활동은 초등학교 고학년부터 시작하여 고등학교 때까지 해요. 클럽활동을 통하여 스포츠 정신이나 집단생활의 기본 예절을 배우게 되는 것 같아요.

183 응원 구호

일본의 응원 구호는 '지지 말아라(마케루나)!', '힘내라(간바레)!', '파이팅(화이토)!'가 대부분이에요. '이겨라(갓테)!'라고 하지 않네요. 2002년 월드컵 응원에서 우리는 '대~한, 민~국'처럼 3음절이나 5음절의 길이의 응원구호를 외쳤죠. 일본은 '니뽄, 니뽄' 하는 2음절의 구호여서 호흡이 가쁘고 맞추기가 불편했지요.

생활의 냄새

184 다다미(畳)와 부부 잠자리

지진이 잦아서 가옥이 목조 주택 중심이고, 습기가 많아서 방바닥이 다다미로 된 것은 자연환경 때문인가 봐요. 다다미는 '이구사'라는 등심초 줄기로 만들어요. 다다미 한 장을 1조라고 하는데 폭이 약 90㎝ 정도에 길이는 대략 176~191㎝로 지역에 따라 약간 달라요. 다다미가 깔려 있는 곳에서 물, 커피, 우유 따위를 엎지르면 큰일이죠.

요와 이불이 기본적으로 1인용이라서 부부라도 각자 떨어져 자요. 침대 생활을 할 경우 더블베드가 보급되면서 더블시트를 사용하지요.

185 그림 사회

안내서, 기계 도구의 설명서를 그림으로 잘 나타내요. 상품 광고도 그림으로 이목을 끌지요. 캐릭터를 만들어 친근감을 주어요. 만화·애니메이션·삽화·카툰·캐릭터 관련 산업이 발달했다는 느낌이 들어요.

TV의 뉴스나 해설에서 그림과 모형을 많이 사용하여 시청자의 이해를 쉽고 빠르게 하지요. 일본 문자는 로마자로 변환시켜서 컴퓨터나 휴대폰에 입력이 되지요. 이런 번거로움을 해결하는 보조 방법으로 그림 문자가 활성화되는 것 같아요.

머리보다 눈으로 즉각 인지하고, 귀보다 눈으로 보아 인식을 강하게 하는 효과에 주목하지요. 외국인으로서는 편리한 면이 있으나 시각이 중시된 면이 지나쳐서 어지러울 때도 있어요.

186 휴대폰 매너

비교적 잘 지켜지는 사회적 매너 중 휴대폰 매너가 있어요. 전철이나 버스 안 특히 노약자가 가까이 있을 때는 휴대폰을 사용하지 않아요. 승객 중에 정밀한 의료기기를 사용하거나 그걸로 시술한 사람에게는 휴대전화 전파가 생명의 위협을 가할 수 있다는 경구가 붙어 있어요.

전철을 탔다가 통화를 하려할 때에는 내려서 통화를 하고 다음 차를 이용해요. 이처럼 공공장소에서 휴대폰 통화는 자제되는 편이에요.

187 일본인의 행동 패턴(사회생활)

사용(私用)과 공용(公用)을 명확히 구분해서 생활해요. 종이 한 장, 전화 1통이라도 공용인지 사용인지 확실히 구분하지요. 소방차나 순찰차, 회사차를 사용으로 쓴다는 것은 상상도 하지 못하지요.

연하장, 편지, 소개장, 의뢰서, 소포 등을 받았을 때는 답신, 착신을 알리는 것이 상식이에요. 동네의원 급 병원에서 의사 소견서를 받아 상급 병원에 가게 되지요. 이때 상급 병원의 의사는 소견서를 발급한 의원에게 답변서를 보내지요.

점원이 손님에 대해 웃음과 친절한 태도를 보이는 것은 당연한 것으로 생각하지요. 손님도 고맙다는 표현을 하는 것이 일반적이지요.

슬픈 일이 있어도 남에게 눈물을 보이지 않아요. 지극히 슬픈 처지에서도 울지 못하는 사회지요. 자식, 배우자, 부모의 죽음 앞에서도 남의 앞에서 울지 않아요. 맹자의 측은지심이란 말이 무색할 정도예요.

188 일본인의 미소

오늘날의 일본어에는 욕설이 거의 사용되지 않고 겨우 '바보' 정도만 있어요. 원래 왜구라 하여 거친 생활을 했던 사람들로 욕설이 적지 않았어요. 예전의 깡패(야쿠자) 관련 영화를 보면 거친 욕이나 표현이 많이 나타나지요. 1962년부터 시민활동으로 '미소(微笑) 운동'이 시작되었어요. 1964년도 동경올림픽 대비의 하나로 전국적으로 크게 확산되었어요.

웃음이 암을 낫게 하고 무병과 장수에도 관련이 깊다는 연구가 활발하지요. 2020년 동경 올림픽 개최가 결정되어 스마일 운동과 언어 미화 운동은 더욱 활성화될 것 같네요.

역경 속에도 눈물을 보이지 않고, 슬퍼도 눈물을 보일 수 없는 사회이지요. 어떤 사람이 말하길 일본인의 미소는 전체주의 사회의 한 면을 보여준다고 하네요.

189 젓가락 사용

일본의 밥상머리 교육은 젓가락 사용에서 시작된다고 봐요. 국도 그릇을 들고서 젓가락을 사용하여 마시지요. 개인 접시를 이용하고, 덜 때는 사용한 젓가락의 반대쪽을 이용해요. 식탁에 놓을 때 우리나라는 젓가락 끝이 앞으로 보이게 수저를 놓지만, 일본은 옆으로 놓지요. 뾰족한 젓가락 끝이 상대방을 향하면 위험하게 느낄 수 있기 때문이라고도 하네요.

특히 젓가락을 사용하여 음식물을 건네주고 받는 것은 절대금기예요. 유골을 안치할 때 부젓가락으로 건네받는 걸 연상시키기 때문이에요.

머뭇거리기(迷い箸), 끌어당기기(寄せ箸), 핥기(舐り箸), 찌르기(刺し箸), 더듬기(探り箸), 흘리기(涙箸), 가리키기(指し箸), 밥에 세우기(立て箸), 도중에 올려놓기(渡し箸), 음식 건네기(箸渡し) 등이 젓가락으로 절대 해서는 안 되는 것이지요. 우리나라의 밥상머리 교육과 같지요.

190 차완(茶碗)과 식탁문화

한국 사람은 밥그릇이나 국그릇을 상에 놓고 먹지요. 일본 사람은 손에 받쳐 들고 밥과 국을 먹어요. 한국은 예전에 밥그릇, 국그릇을 주로 도기(陶器)와 놋쇠로 만들어서 무겁고 뜨거웠기 때문에 손으로 들고 받쳐서 먹을 수 없었어요. 일본은 밥그릇이나 국그릇이 목기이기 때문에 가볍고 뜨겁지 않아 들고 먹을 수 있어요. 우리나라에서는 밥이나 국그릇을 들고 먹으면 상놈 밥 먹듯 한다고 하지요. 일본에서는 상에 놓고 먹으면 개밥 먹는 것 같은 식사법이라고 해요.

임진왜란 때 일본에 차완(茶碗)이 전해지고 많은 도공(陶工)이 끌려갔다고 하지요. 큐슈 지역에는 지금도 그 후손인 심수관이 남아 있어요. 우리나라의 도자기와 칠기(漆器)가 전해져 일본이 이 분야에서 세계적으로 발돋움하는 모습을 보면 한국인으로서 씁쓸한 느낌이 들어요.

191 기모노(着物)와 화장실

기모노는 결혼식, 피로연 등 공식 행사에 주로 입는 옷이 되고 있어요. 외출할 때 이걸 항상 입는 사람도 있어요. 위아래가 통짜로, '오비'라는 허리띠로 꽉 조여서 입게 되지요. 치마 부분의 끝이 좁아서 걸음을 아장아장 걷게 되지요. 기혼자용, 미혼자용, 여름용, 가정방문용, 조문용 등 종류가 다양해요.

숙달자는 혼자서 입기도 하지만 대체로 혼자서 입는 것은 어려워요. 예전에는 팬티를 입지 않는 것이 기본이었답니다. 기모노를 입고 화장실을 이용하는 것은 매우 불편해요. 그래서 상용하는 여성의 경우 긴 시간 동안 소변을 참아야 하다 보니 방광염이 생겨 고생하는 사람이 많다고 해요.

192 홈 센터는 없는 게 없는 곳

맨션이나 아파트보다 단독주택은 가정에 필요한 물건이 많아요. 생활에 필요한 물건이 무엇이든 한 곳에 갖추어져 있는 곳이 홈 센터예요. 일반 생활인부터 건축 전문가에 이르기까지 찾아와서 구매하지요. 가구, 인테리어, DIY(손수제작), 공구, 문구, 키친, 생활 잡화, 일용품, 아웃도어 레저용품, 화훼, 수목, 정원관계, 애완용 페트용품, 전기, 식품 등등 취급하지 않는 물건이 없어요.

전국 각 지역별로 크고 작은 홈 센터 회사가 많지만 매상 및 규모로 상위권 몇 정도는 일반 명사로 쓰일 정도예요. '코난, DCM, 니트리, 코메리, 나후코, 케이요, 시마츄, 아클랜드 사카모토, 올림픽, 시마츄 홈즈, 플랜트, 비바홈즈' 등이 있지요.

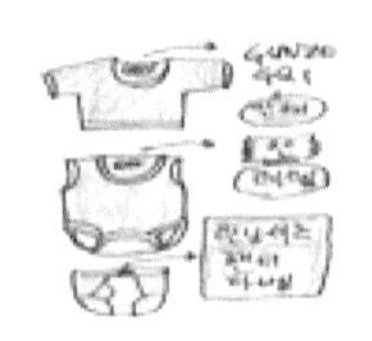

193 개미와 베짱이

홈리스, 생활보호 수급자, 사회적 약자에 대해 냉담한 반응을 보이고 게으른 자로 낙인찍으며 사회 구석에 몰아넣는 경향을 보여요. 일본을 개미 사회로 비유하는 학자의 견해는 이솝 우화에서 나왔을지도 모르겠다는 생각이 드네요. 박애 정신보다는 철저한 경쟁 사회의 면모가 많아 보이네요. 경쟁 속에서도 평등 사회를 목표로 나아가는 묘한 인상을 주지요. 매스컴에서는 빈부격차에 대해 사회적, 정치적으로 문제시하고 있으나 현실적으로 국가의 책임보다는 개인의 문제로 보고 있어요. 자신의 일만 열심히 하면 된다고 생각할 뿐이지요.

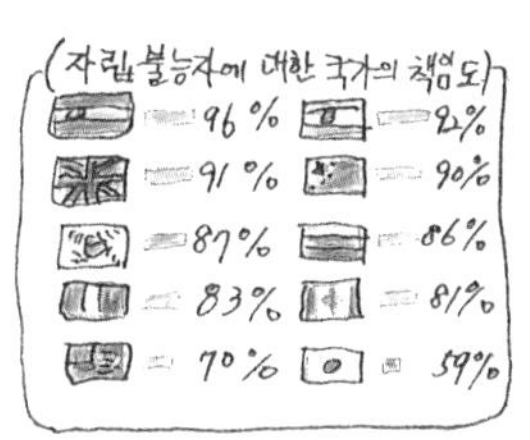

어떤 기관이 '자립 불능자에 대한 국가의 책임도'를 조사했어요. 스페인, 인도, 영국, 중국은 90% 이상이, 한국, 프랑스, 이탈리아, 캐나다 등은 80% 이상의 국민이 국가의 책임이라고 응답했어요. 일본은 59%라는 낮은 수치를 보이고 있다고 하네요.

194 목례

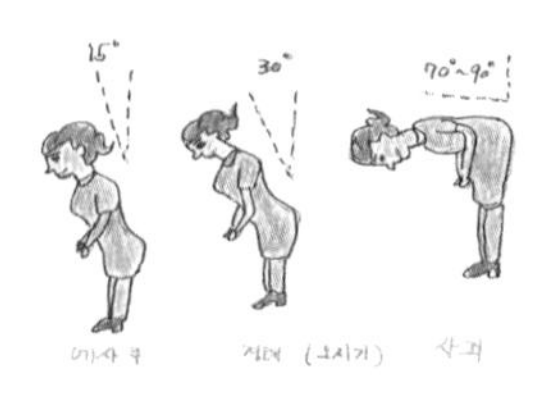

좁은 공간을 스치는 경우나 눈이 서로 마주치는 경우에는 가볍게 목례를 해요. 이러한 목례를 '에샤쿠(會釋)'라고 해요. '오지기(御辭儀)'가 정중한 인사라고 하면, '에샤쿠'는 정중한 인사와 가볍게 눈인사처럼 고개를 까딱하는 인사 모두를 가리켜요. 시골에서 낯선 사람과 스쳐 지나갈 때에는 그저 '안녕하세요(오하요우 고자이마스)?' 하고 인사말을 건너기도 하지만 가볍게 목례를 하기도 해요.

사람과 사람이 얼굴 보며 스쳐 지나갈 때 목례는 어색한 분위기를 부드럽게 해주는 역할을 하지요. 엘리베이터에서 마주쳤을 때 가벼운 목례로 아침인사를 대신할 때도 많아요.

195 내 돈 내고 밥 사 먹으면서 "잘 먹겠습니다"

잘 먹겠습니다 (이타다키마스)

집에서나 식당에서 두 손을 모으고 "잘 먹겠습니다(이타다키마스; 頂きます)" 하고 식사를 시작해요. 젓가락을 두 엄지와 검지에 끼우고 기도하듯 손을 올리고 해요. 다 먹고는 "잘 먹었습니다(고치소우 사마: 御馳走様)" 하고 식사를 끝내요.

식당에서는 사용한 젓가락을 종이 포장 속에 넣어 사용 전의 모양으로 되돌려 놓아요. 숟가락은 거의 없어요. 라멘을 먹을 때 정도만 사용해요. 쇠 젓가락은 찾아보기 어렵고 나무나 대나무 제품이 대부분이지요.

196 만화의 신 '테츠카 오사무(手塚 治虫)'

'테츠카 오사무(手塚 治虫)'를 만화의 신(神)이라고 부르지요. 서점의 한 벽을 채울 정도로 이 사람의 책이 많아요. 자연, 신뢰, 인간의 성정, 선과 악의 판단, 물질과 정신에 대한 고찰, 생명의 귀중함 등을 주제로 한 작품이 대부분이에요. 전후 일본인의 가슴에 많은 감동을 주었지요. 어릴 적 보았던 '아톰'이란 만화가 이 사람의 작품인 줄은 몰랐어요.

일본어 공부를 하면서 본 만화 중에 '브라크·쟈크(BLACKJACK: ブラック·ジャック)라는 것이 있어요. 작가가 의사였기에 의학에 관한 것이 그림이나 내용이 사실적이지요. 이 만화를 읽은 학생들이 의사를 많이 지망하게 되었다 하네요.

197 단신부임

회사 전근으로 단신부임이 많아요. 가족과 멀리 떨어져 오랜 기간 혼자 객지에 살게 되지요. 자녀 교육이나 경제적 사정 등 많은 문제를 낳고 있어요. 저녁에 슈퍼마켓에 가면 홀로 사는 사람들이 시장 보는 모습을 많이 보아요. 홀로 생활하는 사람을 위한 식품이 많아요.

198 양변기 수세 레버

화장실 물탱크의 레버가 소변용과 대변용으로 구분되어 있어요. 물탱크의 뚜껑이 오목하게 되어 구멍으로 물이 떨어지게 되어 있어요. 용변을 보고 물을 내리면 물이 뚜껑에 떨어지는데 이 물로 손을 씻을 수 있어요.

199 이사와 생활의 가이드 북(생활의 편리장)

우리나라의 구청과 동사무소를 합한 행정기구가 일본에서는 구야쿠쇼(區役所)예요. 이사를 오면 지역의 생활에 관한 가이드 북(생활의 편리장)을 주지요. 내용을 소개해 보겠어요.

1. 화재, 사고에 대비하는 법에 관해
2. 아이를 키우고 교육하는 법에 관해
3. 고령자가 안심하고 사는 법에 관해
4. 개호보험에 관해
5. 장애자 분야에 관해
6. 생활하며 곤란할 때에 관해
7. 건강 생활을 위해
8. 시내에서의 생활(집, 건축, 화단 등)에 관해
9. 도로, 공공 교통의 이용과 관광에 관해
10. 자원봉사 활동참가에 관해
11. 중소기업 경영, 창업에 관해
12. 쾌적한 생활을 위해(쓰레기 처리)
13. 생활의 수속(법률적인 것)에 관해
14. 생활 상담에 관해
15. 지자체의 대략에 관해
16. 시설 이용 안내

200 분실물

전철이나 택시, 도쿄의 디즈니랜드에서 귀중품을 분실한 적이 있어요. 분실물보관센터에서 찾을 수 있었어요.

분실물을 찾는 절차가 약간 까다로워요. 물건의 색, 크기, 내용물, 금액 등에 대해 질문을 하고 본인의 주소, 성명, 사인을 남기지요.

201 애완동물과 산보

애완동물과 산보를 하면 반드시 오물 뒤처리용 주머니를 들고 다녀요. 오물 봉투를 가지고 있지 않으면 주위의 시선이 따가워요.

마치 '당신은 몰상식한 사람이야. 당신이 방금 전 방뇨, 방분을 집에서 시키고 나왔다고 아무리 말해도 믿을 사람은 아무도 없어. 적어도 남의 눈을 위해서라도 오물 처리 봉투를 들지 않는다면 당신은 일본인이 아니야' 이런 눈총으로 바라보아요.

202 쓰레기 수거

아침 9시까지 갓길에 쓰레기를 내놓으면 번개처럼 수거해 가지요. 쓰레기는 보통 자원, 대형, 발포용기, 가전제품 등으로 나누어요. 대형 쓰레기는 신고해야 하고 봉투는 유료화됐어요. 우유팩은 별도 수집하여 화장지나 도서상품권으로 교환해 줄 때도 있어요. 건전지, 형광등도 별도 수거해요.

음식 쓰레기는 타는 쓰레기를 넣는 봉투에 같이 넣어 버려요. 이 쓰레기를 버릴 때는 쓰레기 수집 장소에 비치된 망으로 잘 덮고 돌멩이 등으로 눌러 놓아야 해요. 그렇지 않으면 까마귀가 어느 틈에 날아와서 모두 헤쳐 놓아 볼썽사납지요.

203 동네 안내도(마을 입간판)

동네 어귀에 가가호호 번지와 주인의 이름이 기재된 입간판이 있어요. 집을 찾는 데 매우 편리해요. 상점가의 경우에 상가 입구에 있어서 가게를 찾기 쉬워요. 시골 전철역, 입구에 설치하기도 해요. 낯선 타지방 사람이 방향과 길을 알 수 있어 편리하지요.

204 나무젓가락

숟가락을 거의 사용하지 않아요. 라면국물 먹을 때나 쓰는 정도이지요. 국도 그릇째 들어 젓가락으로 건더기를 긁어내며 마시지요. 쇠 젓가락은 거의 없어요. 반찬을 덜어 먹을 때는 뒤쪽을 쓰기도 해요.

야외용이나 식당에서 쪼개어 쓰는 젓가락을 많이 쓰지요. 그런데 사용 후에는 꼭 젓가락집에 가지런히 넣어 놓아요.

205 음식의 장소와 때

보육원, 유치원에서는 정해진 시간에만 간식과 식사를 해요. 초·중·고에서는 일과시간이나 클럽시간 중 정해진 시간과 장소에서만 음식을 먹을 수 있어요. 어떤 직종이든 근무시간 중에 먹는 행위를 남에게 보이지 않아요. 먹는 것에 대해 관대하고 정이 있는 우리 정서와는 차이가 많네요.

206 설문조사(앙케트)

수학여행, 캠프, 바자회, 음악회, 시식회 등 행사에는 반드시 설문조사를 해요. 설문조사에 응답을 하면 답례표시를 하지요. 티슈나 차, 과자 등을 제공해요.

설문조사자와 응답하는 사람 사이에 주고받는 관계가 성립되지요. 조사에 임하는 자세가 진지하게 되지요. 조사결과에 대한 신빙성이 높은 편이에요.

207 아날로그, 단순성

상거래에서 전자 머니나 카드보다는 현찰 거래가 압도적이지요. 추상적인 것보다는 구체적이고 단순한 대화를 즐기지요. 알기 쉬운 행정, 몸의 안전, 내 연금, 저축의 이자, 질병 치료, 노후생활, 재난 대비 등에 관한 설명을 알기 쉽게 해요. 인터넷보다는 아직도 신문, 잡지, 전단지에 의존하는 사회네요.

208 취미생활

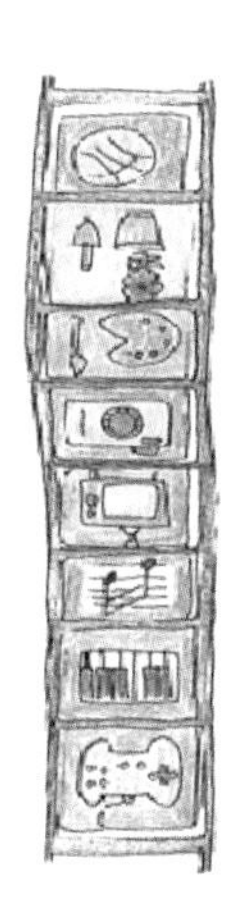

일본인이라면 누구나 취미나 특기가 한 가지는 있다고 해요. 초·중·고를 다니며 했던 클럽활동이 연장되는 경우가 많지요. 성인의 취미생활의 정도에 따라 마니아, 오타쿠, 전문가로 나누기도 해요.

209 강 낚시와 허가표

계곡이나 냇가의 권리는 지역의 어업조합이 갖고 있어요. 강 낚시를 하려면 1일 어업권을 사야 하지요. 1년 어업권도 있어요. 투망은 원칙적으로 할 수 없으나 지역 주민에 한하여 가능해요. 어업권은 노란 비표나 완장 등의 형태로 되어 있어요. 물고기를 잡을 수 있는 양이 한정된 곳도 있지요. 주로 은어(아유: 鮎)잡이가 많아요. 토종보호를 위해 외래종을 잡았을 때는 처분하도록 하는 곳이 늘고 있어요.

210 수유가리개

아기에게 먹이는 분유 값이 비싸요. 모유 수유가 아기와 산모 모두에게 좋다는 인식이 늘고 있다고 해요. 수유실이 없어도 수유가 가능하도록 가리개를 사용하네요. 망토형, 포대기형, 계절맞춤형, 형성합금을 이용한 제품, 수입품 등 다양하네요.

211 벚꽃놀이

봄의 시작을 알리는 매화가 개화하기 시작했다고 뉴스에 나와요. 매화에 이어서 벚꽃이 피기 시작하면 1년이 시작된다고 생각해요. 4월의 벚꽃이 피면 입학식이 거행되지요. 기업도 결산을 끝내고 신년도가 되지요. 벚꽃을 일본어로 '사쿠라(櫻)'라고 해요. 일본의 국화는 아니지만 일본 사람이 유난히 좋아하지요.

벚꽃놀이는 가정, 회사, 각종 모임의 단합의 상징이자 출발이지요. 봄철의 가장 중요한 회합(?)이라고 생각해요.

212 결혼식

결혼식에는 현대식과 전통식이 있어요. 현대식은 호텔 또는 교회식장(종교로서의 교회가 아님), 전용식장 등에서 행해요. 남자는 연미복, 여자는 서양 드레스를 입어요. 전통식은 신사나 일반 가정에서 하지요. 남녀 모두 기모노를 입어요. 남자의 혼례용 기모노는 검은색이고 여자의 혼례용 기모노는 흰색 모자와 순백의 의상이에요. 현대식은 결혼식이 끝나면 피로연에서 참석자의 소개, 축사, 선물, 코스식사, 노래, 연극 등의 순서로 이어지지요.

사전에 왕복 엽서를 주고받아서 참석자를 미리 파악해요. 음식과 선물 준비로 비용도 많이 들지요. 축하금도 부담이 커요. 하객은 1, 3, 5, 7만 엔 단위의 축의금을 준비하지요. 친인척은 10만 엔 이상을 준비하는 분위기예요.

213 온돌이 그리워

온돌이 아니어서 기온이 떨어지면 집안은 추워요. 바닥이 냉골이고 창문도 대부분 이중창이 아니지요. 추위를 많이 타는 사람에게 겨울나기는 큰 시련이에요. 집에 들어와서 난방기구(에어컨, 스토브)를 틀어서 방의 공기를 덥혀야 해요. 욕조에 물을 받아서 목욕을 해야 몸이 더워져 지낼 수 있어요. '코다츠'라는 난방기 위에 이불이나 담요를 덮고 그 위에 나무 식탁판자를 얹어 밥상으로 사용하지요. 코다츠 아래 바닥에 전기매트를 깔기도 해요. 그 안에 발을 넣어서 덥히고 생활해요. '유단포(湯湯婆)'라고 해서 뜨거운 물을 담은 주머니를 이불 속에 넣기도 해요. 최근에는 맨션에 부분 전기 온돌(유카단보)이 보급되고 있어요. 전기요금이 비싸서 집안 전체를 덥힐 수가 없지요.

일본 사람에게 한국은 집안 전체 바닥이 온돌(유카단보)로 되어 있다고 하면 모두가 큰 부자들이라고 생각하고 놀라지요. 일본에서 겨울을 지내보면 정말 온돌이 그리워지지요.

214 문학상과 독서

문학상이 많고 수상에 대해 관심이 커요. 나오키(植木)상, 아쿠타가와(芥川)상, 요미우리(讀賣)문학상, 노마(野間)문예상, 서점(書店)대상 등 신문사나 잡지사가 주관하는 상, 유명 문학인의 상이 있어요. 수상자에 대하여 매스컴이 대대적인 홍보를 하지요. 작가에 대해서는 사회적 특별대우를 하는 인상이에요.

동네의 작은 서점, 헌책방이 점차 줄고 있어요. 에로물의 방송이나 서적이 과거에 비해 현저히 줄어드는 경향이 있어요. 서점이 영상 대출 전문 가게 위주로 바뀌고 있네요. 영상 시장을 겨냥한 문화(?)가 날개를 펴네요.

215 연극과 낭독회(朗讀會)

학교나 회사, 교회 등에서 연극이나 낭독회를 많이 해요. 발표를 하기 위해 연습을 많이 하는데 이 과정을 즐기는 것 같아요. '만자이(漫才)', '라쿠고(落語)' 등과도 연결되는 것 같아요. 특히 오사카 사람들은 일상 대화도 연극적 느낌이 들게 해요.

'만자이(漫才)'는 두 사람이 익살스럽게 주고받는 재담, 만담이에요. '라쿠고(落語)'는 기모노를 입고 방석에 앉아 혼자서 세상사를 재미있게 말하는 것이지요.

216 바자

학교, 교회, 장애센터, 마을자치회 등에서 바자를 많이 하지요. 바자에 내놓을 물건을 평소에 준비해요. 바자 용품 준비, 기간, 품목, 품질상태를 점검하지요. 가격 부착, 진열 등을 정하기 위해 담당자 협의회를 몇 개월 전부터 수차례 열어요. 포스터나 전단지를 게시·배포해요. 소문난 바자는 줄을 지어요. 타임서비스, 미끼상품 등이 있어 실제 장사의 느낌이 들어요. 음식을 만들어 판매도 하지요.

주최 측 사람은 바자가 끝나는 마지막에 살 수 있어요. 룰렛, 금붕어 뜨기, 행운권 추첨 등으로 마츠리 분위기를 내어 즐기는 행사이지요. 행사 후 앙케트 조사로 반성과 평가를 하며 다음을 대비해요.

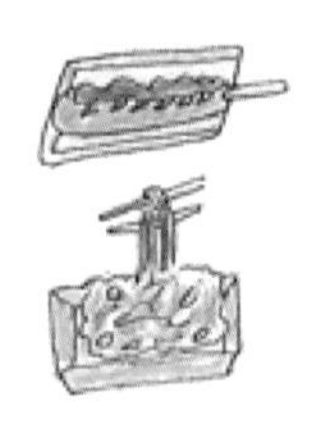

217 기다림

중국사람 만만디 못지않게 끈기 있게 줄을 서요. 식당 앞에서 무한정 줄을 서기도 해요. 길을 가다가 물어보면 알도록 끝까지 가르쳐줘요. 앞 차량이 멈추면 뒤 차량은 무한정 기다려줘요.

전철과
지하철의 냄새

218 운행 시간표

'다이야(ダイヤ)'는 다이어그램의 준말로 도표, 운행시간표를 말해요. 운송기관의 운행시각은 초 단위로 운행되지요. 운송기관끼리의 연계가 마치 톱니바퀴가 맞물려 있는 것 같아요.

버스 운행 시간이나 지방의 철도 노선, 신칸센의 시간표 등이 바로바로 연결되어요. 운행 시간표대로 운행되지 않으면 이용자가 크게 불편하게 되지요. 분초 단위로 운행되는 교통수단과 일상적 생활이 맞물려 있어요. 일본 TV에는 수사물, 살인사건, 서스펜션 드라마 등이 많이 방영돼요. 내용에서 분초를 다투는 운송수단과 관련된 것이 많아요. 보는 사람들이 재미있어 하는 이유 중 하나가 이러한 운송기관 '다이야'의 철저한 정확성이 아닐까 하네요. 지하철역마다 명함 크기의 인쇄된 운행시간표가 비치되어 있어요.

219 전철역

전철이 지각운행을 하게 되면 지연(遲延)증명서를 발행해요. 5분 또는 10분 단위로 발행을 하지요. 회사에 따라 지각 여부가 3~5년간의 승급, 상여 등에 영향을 주는 경우가 있어요. 승차증명서 자동발급기가 있는 역도 있어요.

개찰구, 출입구에서 눈에 쉽게 뜨이는 곳에 있는 역 주변의 약도에는 병원, 회사, 단체 등 사진이 실린 선전과 위치가 표시가 되어있어요.

플랫폼 벤치의 등받이에도 선전물이 부착되어 있고 차량 안 벽면과 유리창은 물론 천정에서 통로로 늘어뜨린 선전물이 있어요. 플랫폼 등 비어 있는 공간만 있으면 선전물로 장식되어 있어 눈이 어지러울 정도에요. 물론 승차 질서에 관한 표어나 문화정보, 정부 기관의 홍보물도 게시되기도 해요. 각 역마다 손바닥만 한 운행 시간표가 비치되어 자유롭게 가지고 갈 수 있어요.

220 지각 운행 증명서

전철이 정시 운행되지 않으면 사회 시간의 시스템이 뒤틀려 버려요. 전철, 비행기, 고속철도의 경우 1분이라도 정시 운행이 되지 않았을 때는 즉시 안내 방송이 나와서 승객에게 해명을 해요. 지연 운행이 되었을 때 지연 증명서를 발급하거나 상황에 따라 요금 환불을 하는 등 후속 조치가 규정에 의해 이루어지지요.

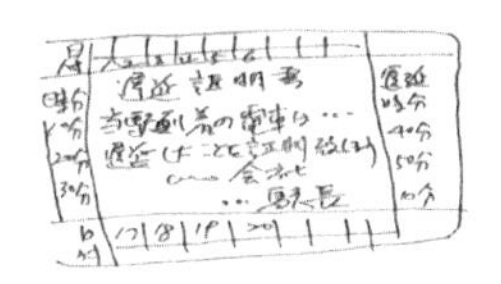

221 전철 자동개찰기

NHK의 '프로젝트 X'라는 다큐멘터리가 2000년부터 2005년까지 방송되었어요. 전철의 자동 개찰기 개발의 비화가 소개된 적이 있어요. 1967년 오사카 키타센리(北千里) 역에 자동 개찰기 제1호기가 등장하였어요. 출퇴근길 혼잡 때문에 자동 개찰기의 필요성을 느끼게 된 것이 개발 이유예요.

전철 승차권의 종류에는 어른용, 어린이용, 정기권 등이 있어요. 승차권의 크기가 제각각이에요. 이것을 인식할 수 있는 자동 개찰기를 개발하는 데 6년이 걸렸다고 하네요. 삽입구에 넣는 승차권은 크기와 방향, 종류에 관계없이 넣기만 하면 인식되고 일정한 방향으로 나와요.

개발 당시의 비화가 있어요. 시냇가에 떠내려가는 나뭇잎이 돌멩이에 걸려서 방향전환이 된 것을 보고 문제해결의 열쇠를 잡았다고 해요. 이 프로그램의 방영 후로는 '○○X'라는 말이 유행했어요.

222 전철, 지하철 안의 풍경

1993년에 도쿄 교육위원회로 연수를 갔어요. 전철 안에서 서적을 읽는 사람의 수효를 세어 보았어요. 승객의 약 3분의 2 정도가 책(만화 포함)을 읽고 있더군요. 2003년 전철 안의 승객은 대부분 핸드폰, 게임기에 몰두하네요.

긴 시간을 이용하는 신칸센의 경우 신문이나 서적을 보는 사람이 눈에 많이 띄어요. 일본 문화청 조사에 의하면 2009년 1년 동안 1권의 책도 읽지 않은 국민이 약 49%라고 하네요.

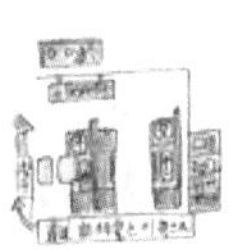

자동차의 냄새

223 주유소(注油所)

일본인들은 주유소를 '가솔린 스탄도'라고 하지요. 주유소에 차를 몰고 들어가면 이렇게 해요.

"어서 오세요. 디젤입니까, 가솔린입니까?"

"가솔린."

(RV나 승용차의 대부분은 가솔린 차예요.)

"하이오크(고급)입니까, 레귤러(무연보통)입니까?"

"레귤러."

"얼마나 넣을까요?"

"가득(満tank)."

"쓰레기나 버릴 것 있으면 주세요."

(이때 걸레로 전후좌우측면 유리창을 닦아 줘요. 주유기가 자동으로 멈춰요. 자동으로 멈춘 이상 조금이라도 더 넣어주지 않지요. 법적으로 더 넣지 못하게 되어 있기 때문이에요.)

"3천 5백 6십 9엔입니다."

"진행 방향은 어느 쪽입니까?"

(차량이 도로로 안전하게 나갈 수 있도록 주행 중인 차량에게 길을 양보 받아요. 그다음 뒤에서 인사를 하고 양보해 준 차에 대해서도 모자를 벗어 꾸벅 인사를 하지요. 회원 우대, 요일 우대, 여성 우대 등으로 휘발유 값을 싸게 해 주기도 해요.)

224 자동차 엔진오일 교환

엔진오일 교환은 정비센터 외에 주유소에서도 해요. 서비스 센터나 딜러 상에서 교환하면 세차도 해 주고 때로는 겸하여 무상 점검도 받을 수 있지요. 운전석에 시트를 덧씌우고 발바닥에 종이를 깔아요. 핸들을 쥘 때는 흰 장갑을 끼고 작업을 하지요.

오일을 2회 교환할 때 오일필터는 교환하고 에어필터(에어 엘리먼트리)는 거의 교환하지 않아요. 5년을 운행하면서 에어필터를 교환한 적이 없어요. 차기 오일교환 시기를 거리 또는 날짜로 테이프 레코드에 찍어서 윈도우 브러시나 운전석 도어 측면에 붙여 놓아요.

토요타의 '보틀 킵(Bottle keep)'이라는 것이 있어요. 오일을 미리 20L 사면 카드에 기록해 놓아서 오사카 시내의 토요타 정비센터의 어디에서든 오일을 갈 수 있는 것이지요.

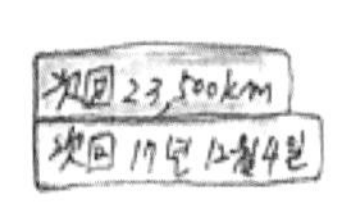

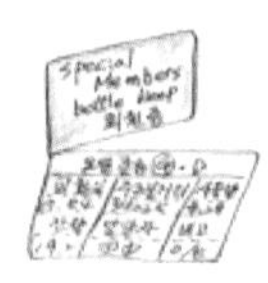

225 신차 구입

'기술은 닛산, 영업은 토요타'란 말이 있었지요. '혼다는 젊은 층이 선호하는 차, 토요타는 아저씨 차'란 말도 있어요. 대체로 일본 국내의 승용차는 '토요타, 닛산, 혼다, 미쓰비시, 마츠다, 쓰바루, 스즈키, 다이하츠'가 주종을 이루는 것 같아요.

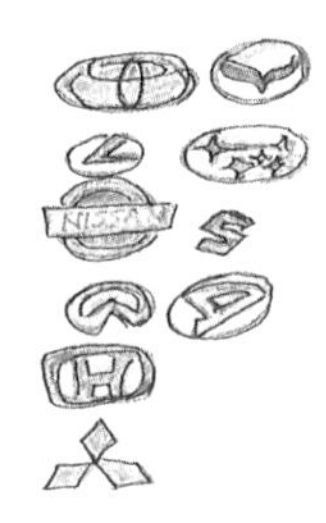

'토요타'는 일본의 간판 기업이자 국내 빅3 중 톱의 위치에 있다고 봐요. '닛산'은 토요타 이전의 최대 자동차 회사였지요. 하락된 주가와 이미지를 끌어올리기 위해 프랑스 사람을 사장으로 영입한 뒤 분발하고 있는 모습이에요. '혼다'는 급부상한 빅3 중의 하나이지요. '미쓰비시'는 화물 트럭의 강자로 승용차 부문에서는 약세라고 보아요. '마츠다'는 중소형 화물차와 싸고 서민적인 이미지로 시장을 확대하고 있다고 해요. '쓰바루'는 태평양 전쟁 때 전투기를 생산했던 회사로 안전성과 파워가 뛰어나다는 평가를 받으며 최근 인기가 상승하는 분위기에요. 경차 부분에서는 단연 '스즈키'와 '다이하츠'를 손꼽아요. 배기량이 660cc인 경차는 연비와 크기, 실용성에서 최고의 자동차로 여겨지지요. 자동차 매장은 판매를 위한 전시장과 서비스 공장을 겸해요. 차를 살 때 가격은 차량 본체와 옵션으로 나뉘어요. 옵션도 제조 공장 옵션과 딜러 옵션이 있어요. 중고차나 폐차를 처분할 때까지 딜러와의 인연이 계속되지요.

226 자동차 판매 1(A사)

자동차나 부동산 구매는 토, 일, 휴일에 부부나 가족 단위가 찾는 경우가 많아서 이런 날 쉬지 않고 영업을 해요. 대신 평일의 어느 하루를 휴무로 하지요.

신차를 구입하던 기억이 생각나서 기사를 인용해 보아요.

「베스트 카」 잡지 2015년 3월, 4월호(講談社)에서 '자동차 판매 영업소의 암행 조사'의 기사 '2, 3월은 결산기! 10개 항목 철저 체크'라는 제목의 내용이에요. A회사의 방문기예요.

조사원이 손님을 가장하여 차의 제원을 물어요. 차량 앞에 있는 게시판의 카탈로그를 보고 대답하는 것을 보고 판매자의 공부가 불충분하다고 보아요. 차의 엔진, 시트 어레인지, 그레이드 등에 대한 지식을 체크해요. 손님맞이 음료접대의 시기와 배웅하는 태도를 보아요. 매우 딱딱한 태도를 느껴요. 한마디로 판매 정신이 부족하다고 평가하네요.

암행조사 체크항목 (10점 만점) (A사)	
직원의 인사성	8점
접대음료를 내는 시간	방문 후 5분
자동차에 대한 지식 및 설명	5점
시승시의 대응	7점
듣기 태도, 차의 등급 제안	6점
견적의 진지성	8점
배웅 태도	8점
직원의 차림새	5점
영업소의 청결도	8점
구매하고픈 생각이 있는지	구매력 없음
종합평점	6점

227 자동차 판매 2(B사)

B회사의 방문기 내용이에요. 매장에 주차하여 손님을 맞이하는 환한 미소가 인상적이에요. 차에 대한 설명을 자신감 있고 자세하게 설명을 하네요. 차종의 그레이그, 마력, 토크, 차량제원, 라이벌 수입차와의 비교설명을 해요. 시승을 권해보기도 해요. 차량 사용의 주 목적이 통근용인지 드라이브용인지를 묻네요. 운전석의 조절, 드라이브 모드 조작을 해보도록 해요. 컴퓨터에 의한 차체 컬러와 인테리어의 차이, 옵션 품목, 견적을 보여 주네요. 음료수를 내오는데 양과자를 곁들이고 컵이 고급스러워요. 화장실과 세면대의 내장물이 세련되고 생화가 장식되어 있어요. 손님에 대한 질문에 있어 심문받는 느낌이 없이 편안하네요. 매장을 나설 때 회사의 로고가 새겨진 초콜릿을 선물로 주네요. 주차장에서 도로에 진출할 때까지 직원이 고개 숙여 인사해요. 계약을 재촉하지 않네요.

암행조사 체크항목 (10점 만점) (B사)	
직원의 인사성	8점
접대음료를 내는 시간	시승 후 5분
자동차에 대한 지식 및 설명	8점
시승시의 대응	9점
듣기 태도, 차의 등급 제안	9점
견적의 진지성	10점
배웅 태도	10점
직원의 차림새	10점
영업소의 청결도	10점
구매하고픈 생각이 있는지	압박감을 주지 않아 사고 싶은 마음이 듦
종합평점	8점

228 자동차 판매 전단지

창립 5주년 세일, 어린이날, 연말연시, 추석, 크리스마스, ○○ 축제 등 갖은 명분으로 세일한다며 자동차 구매의욕을 북돋지요. '토요타, 닛산, 혼다, 시스즈, 미쓰비시, 스즈키, 쓰바루, 다이하츠, 미쓰비시후소, 히노, 닛산디젤, 마쓰오카, 얀마, 제이버스' 등의 메이커를 들 수 있어요. 토요타의 경우는 승용차, SUV, 소형 버스까지만 생산하고 대형 버스나 트럭은 만들지 않아요. 회사마다 생산 주종이 있어요.

중고 매매에 있어서는 개인이나 중소기업도 그렇지만 규모가 큰 대기업도 각축전을 벌이는 시장이 되고 있어요. 안전 점검, 완벽한 수리, 신용과 보증을 바탕으로 신차 시장 못지않게 판매 경쟁이 치열해요. 회사를 보면 토요타, 닛산, 혼다 등 신차 판매소가 중고차 매매를 겸하는 곳도 있지만 일반적으로는 '걸리버, 애플, 카세븐, 빅모터, 카치스, 하나텐, 세드카재팬, C-boy, 오닉스, JAC, Big Wave, 속킹왕, 산쿄(三共)' 등을 들 수 있어요.

229 660cc의 경자동차

일본 정부에서 경자동차의 기준을 여러 차례 바꾸었어요. 배기량은 1949년 150cc에서 시작하여 200cc, 300cc, 240cc, 360cc, 550cc로 되었다가 1990년에 현재의 기준을 갖게 되었죠. 660cc 이하의 배기량 3륜, 4륜 자동차로 되었어요. 규격은 전장 3.40m, 전폭 1.48m, 전고 2.00m 이하로, 정원은 4명 이하로, 화물 적재량은 350kg 이하로 규정하고 있어요. 번호판 색깔은 노란색이에요.

생산하는 회사는 크게 5개 회사로 스즈키, 다이하츠, 쓰바루, 혼다, 미츠비시를 들 수 있어요. 형태로는 왜건, 세단, 해치백, 트럭, SUV 등 다양해요.

경차의 특징은 차체가 작아 좁은 주차공간에 적합하다는 것이지요. 차량의 크기나 회전 반경이 작아서 운전이 쉽고, 연비, 보험, 통행료 등의 혜택이 있어 인기가 많아요. 특히 연비가 좋아 경제적이라고 해요. 고속도로 주행에 문제가 없는 것은 물론 터보 기능이 딸린 것은 급경사의 높은 산악 지형에도 도움이 되지요.

230 자프(JAF)

자프(JAF)는 (사)일본 자동차 연맹으로 연중 전국 어디서나 전화 한 통으로 자동차, 오토바이에 생긴 트러블을 도와주는 활동을 해요. 1995년 당시에는 연회비가 2,000엔이었는데 2015년 현재는 연 회비가 4,000엔으로 올랐네요. 키를 분실하여 차 문을 열 수 없다거나 레커가 필요하거나 배터리 소진, 타이어 펑크가 발생했을 때 도움을 받지요.

물론 보험사나 신용카드 회사에서도 대응해 주지만 별도로 JAF에 회원 가입을 많이 하는 편이에요. 차를 구입하면 제일 먼저 JAF에 가입하라는 말이 있을 정도로 인지도가 높아요. 회원증만 있으면 렌터카 제공도 받을 수 있어 안심이고, 출동이 빠르고 서비스도 좋다고 해요. 주로 자동차 전면 또는 후면에 스티커를 붙여 가입 차량 표시를 하지요.

231 택시 운행표지등

예약 택시는 차량의 지붕 위에 '예약 차량'이란 표지판을 얹고 운행을 해요. 표지판이 자석으로 되어 있어서 일반 운행용 표지판과 바꾸어 붙였다 떼도록 하네요. 마치 영화에 나오는 수사관의 차에 경고등을 탈착하는 것 같아요. 방향지시등이 차 지붕 위에도 있어서 후속 차량의 눈에 띄기 쉽게 되어 있어요.

자전거의 냄새

232 자전거의 통행

기본적으로 차도로 운행하게 되어 있으나 안전을 위해 보행로를 이용할 수도 있어요. 실제로 대부분은 보행로를 이용하고 있어요. 그래서 보행자가 자전거를 의식하여 한쪽으로 비켜서 걷는 습관이 배어 있지요.

자동차 없이는 살아도 자전거 없이는 못 산다고 해요. 인구가 약 1억 2,500만인데 자전거 보유 대수가 약 8,500만 대라고 해요. 1.5명당 1대 꼴이지요. 실제가 통계치보다 더 많을 것이라고 봐요.

주부용 자전거는 핸들 앞에 장바구니가 부착되어 있고 핸들 축과 의자의 연결 허브가 아래 U자 형을 하고 있어 치마를 입고 타고 다니기 편리해요. 일명 '마마 자전거'라고 해요. 어린이 보조의자를 앞 또는 뒤로 부착할 수 있어 보육원이나 유치원에 다닐 때 편리해요. 고령자가 이용하기에 편리하도록 배터리를 부착한 전동 자전거도 있어요.

어린이를 태운 채로 한 손으로 핸드폰을 사용하거나 과도한 적재, 과속, 곡예 운전 등을 하여 사고가 많지요. 교통사고의 20%를 점유한다고 해요. 출산 장려 정책의 하나로 6세 미만 유아는 2인까지 태울 수 있도록 법이 바뀌었어요. 방범등록제와 보험제가 이루어지고 있고, 전동 자전거 외에도 하이브리드 자전거, 고령자 전용 3륜 자전거 등이 있어요. 정류장이나 슈퍼 부근에 주륜장이 많아요. 자전거 보조용품도 다양해서 우산대 걸이, 전용 우비 같은 독특한 상품도 있어요. 경찰관이 순찰하면서 2인 승차나 야간 라이트 미착 등에 대한 단속을 해요.

233 자전거 보험

일본의 자전거 보유 대수는 약 8,500만 대(2002년 기준)로 세계 3위예요. 1.5인당 1대죠. 자전거가 많다 보니 사고도 많아서 큰 사고로 인한 피해 보상은 고액화되어 보험이 필요하게 되었지요. 전국 최초로 효고현에서 자전거 구입 시 자전거 보험 가입을 의무화하려고 해요.

자전거를 구입할 때 500엔을 더 내면 경찰에 등록할 수 있어요. 가끔 경찰관이 체크리스트 판을 들고 다니며 지나는 자전거가 도난물인지 조사하는 모습을 볼 수 있어요. 학교나 맨션 단지도 소속 스티커를 붙여요.

고속철도의 냄새

234 신칸센(新幹線) 1

후지(富士)산이 자연적인 일본의 상징물이라고 하면 인공적인 일본의 상징물로 볼 수 있는 것이 신칸센이 아닐까 해요. 1964년 도쿄 올림픽을 대비하여 그해 10월에 개통했어요. 50년이 넘는 기간 동안 무사고라고 해요. 현재(2016년)까지 총연장 3,041㎞(미니 신칸센 포함)이며 계속 건설 중이에요. 2015년 연간 이용자 수가 3억 6,000만 명 정도예요.

세계 고속철도 시장의 강력한 경쟁자로 대지진 속에서도 안전성과 기술면에서 세계 톱이라고 자랑하지요. 고속철도 시장에는 프랑스, 독일, 스위스, 중국 등이 경합을 이루는데 크게 보면 일본과 프랑스(TGV)를 양대 축으로 보아요.

고속철도 구성은 선로궤도 건설, 차량건조기술, 시스템운용 세 부문으로 나눈다고 해요. 프랑스는 차량만으로도 수출계약이 된다고 해요. 일본은 안전성을 위해서는 세 가지 세트로 팔려고 하니 고가의 금액이 든대요.

235 신칸센(新幹線) 2

어린아이는 기차모형을 선물로 받는 것을 좋아해요. 그중에서도 신칸센 모형은 대인기이지요. 차량의 디자인과 이름이 다양한데 사람들이 많이 알고 있어요. 신칸센이란 이름은 예전에 우리나라에서 많이 쓰던 '새로 난 큰 길'이란 의미의 '신작로(新作路)'란 말과 비슷한 개념으로 지었대요.

차종으로 0계(제로계), 100, 200, 300, 400, 500, 700계 등이 있으며 E계의 2, 3, 4, 6, 7계가 있어요. 열차명으로 부를 때는 매, 희망, 빛, 메아리, 벚꽃, 제비, 벼이삭 등의 애칭을 붙여요. 시각표 소책자가 매표소에 비치되어 마음대로 가지고 갈 수 있어요.

그린 차량이란 것이 있는데 비행기의 비즈니스 좌석의 개념으로 좌석이 2열+2열(보통 신칸센은 2열+3열)이고, 뒤로 젖혀지는 각도는 25~31도에, 발 받침대가 있고, 좌석 테이블이 넓고, 좌석 폭도 12㎝ 더 넓어요. 추가 요금은 대략 100㎞당 1,000엔 정도로 더 비싸지요.

GREEN CAR

236 신칸센(新幹線) 3

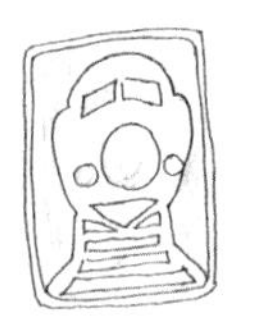

신칸센은 국내 비행기 노선과 경쟁을 하는데 비행기보다 비싸요. 예를 들어 도쿄와 오사카의 거리가 552㎞에 약 14,000엔 정도예요. 신칸센의 경우 도쿄 시내의 전철구간이 연결되어 시내 전철 요금이 무료지요. 비행기의 경우 보통 11,000엔 정도예요. (야간 버스는 더 싸서 5,000엔 정도이지요.)

요금 체계는 운임과 특급요금(승차권+특급권)이 기본이라고 생각하면 돼요. 특급권은 자유석과 지정석, 그린(Green)차 요금으로 나뉘어요. 지정석에는 310~1,310엔을 더 해요. 할인티켓, 학생할인, 열차별, 요일별, 계절별 티켓이 있어서 종류가 다양해요.

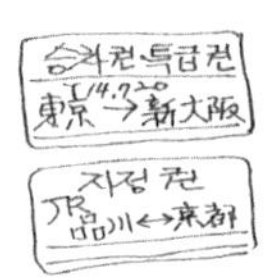

대지진에도 사고가 없었다고 자만하지만 너무 고비용이라 세계 시장 진출에 해결할 과제가 많다고 보도해요. 수출 후보지는 태국, 인도, 미국, 브라질, 인도네시아 등으로 생각하고 있어요. 알게 모르게 국민의 관심이 커요.

한글교실의 수강생 한 사람이 며칠 결석을 했어요. 한국의 KTX가 개통되었다기에 타보고 싶어서 다녀왔다고 해요. 소감을 물었더니 좌석 통로가 좁아서 판매수레를 끌고 다니는 여직원이 힘들겠다, 역방향 의자가 불편해 보인다고만 하네요.

운전의 냄새

237 운전면허증

18세 이상이면 보통면허를 취득할 수 있어요. 원동기 면허는 16세 이상이면 취득 가능해요. 면허증은 3가지로, 그린, 블루, 골드가 있어요. 발급 최초 3년은 그린면허증을 받고, 그린면허를 받은 후 5년까지는 블루면허를 받아요. 골드는 블루면허를 가지고 다니는 5년간 무사고 무위반이면 받는 우량면허예요.

교습소를 통한 운전면허 취득에는 약 1개월 정도 걸려요. 비용은 30만 엔이 조금 넘어요. 실기시험에서 70% 정도의 합격률을 보여요. 도로교통법도 중요하지만 운전자의 마음 자세를 강조하여 안전 의식, 철저한 규칙 준수, 양보 운전이 몸에 배도록 지도하지요. 초보 운전자도 도심 속에서의 운전에 어려움을 겪지 않아요.

한일 간에는 서로의 면허증을 인정하고 있어요. 몇 가지 간단한 수속을 밟으면 발급받을 수 있지요. 한국이 OECD 국가 중 교통사고 사망률이 높다는 소문이 있어서 두 나라 간의 면허증 갱신에 대한 비판의 소리가 있어요.

238 일본인의 행동 패턴(운전)

긴급 재난차량에 대해 신속히 대응해요. 출발과 서행, 정지 시에는 반드시 방향지시등을 점등해요. 방향지시등을 켠 차량에 대해 양보를 잘해주네요. 양보나 도움을 받았을 때는 '해저드 사인(비상등, 서행신호)'를 보내어 고마움을 표시하지요. 가급적 전방의 차량을 추월하지 않고 대열을 지어 운전해요.

정지선을 잘 지켜요. 대형트럭, 버스, 승용차, 오토바이 등 어떤 차량도 횡단보도 위에 차가 멈추는 경우는 거의 없지요. 주차구역에 반듯하게 주차해요.

239 추월 차선

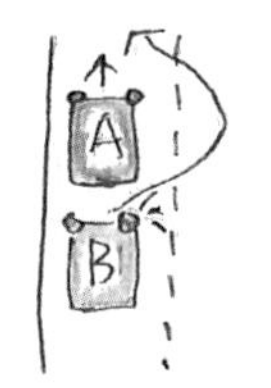

차선의 호칭이 우리와 달라요. 가장자리에서부터 1차선이라고 불러요. 중앙 차선이 추월 차선이고 가장자리가 주행 차선이에요. 대체로 옆 차선이 비었어도 차선 변경을 않고 앞 차량을 그대로 따라가는 주행 습관을 가지고 있어요. 추월한 뒤에는 곧바로 주행 차선으로 들어와요. 추월한 후 주행 차선으로 불쑥 들어와서 처음엔 당황했어요.

추월 차선을 계속 운행하면 위반이 되어요. 운전 교습소에서도 배려하는 운전 정신을 가져야 한다고 교육해요. 위법 운전을 하다가는 '복면(覆面) 경찰'의 단속에 걸릴 수도 있지요.

도로의 냄새

240 신호등

교차로에서 신호가 바뀌는 시간은 대체로 1분 30초에서 1분 45초를 넘지 않아요. 신호등 시간 조작은 거의 하지 않아요. 신호등의 체계는 간단해서 녹색일 때는 진행, 빨간색일 때는 정지, 황색일 때는 제동거리를 판단한 운전자의 상황에 따라 정지 또는 계속 진행하면 되지요.

3색과 4색 신호의 경우 녹색 신호에는 비보호 우회전(우리나라의 비보호 좌회전에 해당)할 수 있어요. 교차로 중앙까지 나가서 우회전하려고 대기하지요. 5색 신호의 경우는 화살표 지시대로 진행하며 교차로 중앙선까지 갈 수 없어요. 즉, 녹색 신호가 아니기에 차를 정지선에서 움직일 수 없어서 정지선에 대기해요.

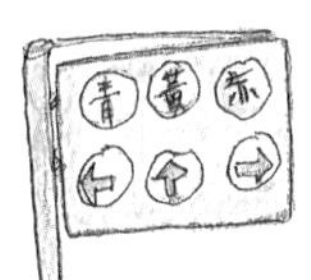

신호등의 모양도 지역에 따라 달라요. 동북 지역 또는 홋카이도(北海道) 지역과 같이 춥고 눈이 많은 곳에는 횡형식(横型式)이 아니라 종형식(縦型式)이 많아요.

241 교통법규

정지선, 좌우 방향지시등, 서행신호 등을 잘 지켜요. 일본은 도로 폭이 좁고 일방통행로가 많아요. 정지선을 지키지 않으면 건설 관련 특수 차량, 대형차를 골목길에서 만나게 되므로 정지선에 정차하지 않으면 안 되지요. 게다가 남에게 폐를 끼치면 안 된다는 의식도 있어 규칙을 잘 지키지요.

경적을 울리는 경우는 극히 드물어요. 방향지시등을 켜면 양보운전을 잘해주어요. 사람이 승하차할 때나 차를 세우고 길을 물을 땐 후속 차가 참을성 있게 기다려주지요. 역지사지(易地思之)로 생각하는 경향이 있어요. 도로에서의 교통문화가 부러울 정도예요.

242 교차로

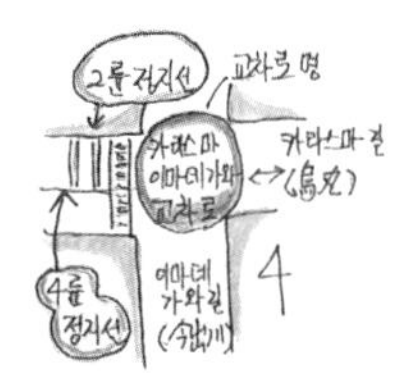

교차로에는 반드시 교차로명(名)이 있어요. 교토의 경우 가로 세로의 도로명을 합성하여 교차로의 이름이 붙여져요. 예를 들어 가로의 도로명이 '카라스마'이고 세로의 도로명이 '이마데와'인 경우 이 두 도로가 만나는 교차로의 이름은 '카라스마 이마데가와'가 되는 셈이죠.

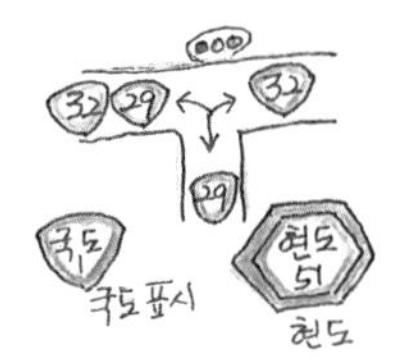

대체로 가로 방향의 길을 조(條)로 하여 1~10조가 있어요. 세로 방향의 길이 지(路)로 되어 있는 곳은 옛 지명으로 보면 돼요. 중요 건물이나 역사 관련의 이름이 붙여진 도로명도 있어요. 교차로 정지선이 2륜차 정지선과 4륜차 정지선 두 가지로 나뉜 곳도 있는데 2륜차 정지선, 즉 2단 정지선이 2~5m 정도 앞에 그어져 있어요.

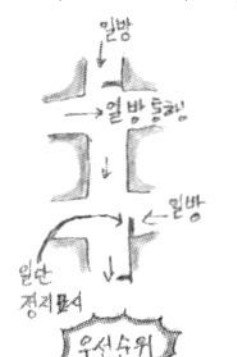

교차로에서 직진, 좌우회전을 하면 반드시 국도, 현도(지방도) 번호가 표시되어 운전자가 목적하는 방향을 확인할 수 있게 되어 있어요. 도로가 비교적 좁고 골목길의 경우 일방통행로가 많아요. 좁은 주택가의 일방통행길을 질주하는 경우가 있는데 반드시 일단 정지선이 있는 골목 교차로는 멈추어요. 정지선이 그어져 있지 않은 골목 교차로는 질주를 해요. 우선순위에 주의해서 운전하지 않으면 골목길 사고가 나기 쉬워요.

우리 집의 냄새

243 야스에 유미코(安江 由美子) 할머니

잊지 못할 인연의 한 사람을 생각해 보아요. '야스에 유미코' 할머니예요. 오빠 한 분은 텐노(天皇)의 문화상을 수상한 보수적 가문의 여성이지요. 그럼에도 불구하고 친한파(親韓派)임을 자처하고 한국을 40년 넘게 오고간 분으로 어느덧 80세가 넘으셨어요. 한국의 문화를 일본인들에게 전달했고 방문단을 이끌고 수없이 한국에 찾아오곤 했지요.

겨울연가의 주인공 배용준과 최지우에게 일본 기모노를 선물로 보내기도 했지요. 경상북도 의원들과 나라(奈良)현 지사와의 면담을 급조하여 주기도 했어요. 나라(奈良)의 문화 행사나 모임에서 한국의 인맥 연결에 팔 걷고 애써주신 분이에요. 다도회, 샤미센 모임 등을 통해 한일 가교 역할을 했지요.

지금은 홋카이도에 사는 딸 곁에서 병원을 오가며 생활하고 있네요.

244 재일동포 '키노시타 히로미(木下 博己)' 씨

경상남도 진주의 시골에서 태어났어요. 1960년대에 16살의 나이로 오사카의 '니시나리(西成)' 지역에 와서 밤낮을 가리지 않고 일을 하였어요. 중소기업 규모의 전기용접기 수리공장을 세웠어요. 젊을 때 어깨너머로 배운 기술로 자립하여 은행의 융자를 받아 공장을 세웠지요. 10년 만기였던 융자금을 절반 정도 되는 기간인 5년 안에 갚았을 때 은행은 물론 주변의 사람들이 혀를 내둘렀대요. 잠도 안 자고 24시간 몸이 가루가 될 정도로 일했대요.

지금은 불경기라 일거리가 줄어든 것이 안타깝다고 해요. 사람은 움직일 수 있는 동안은 일을 하는 것이라며 취미인 낚시를 하러 갈 때 연락을 해 와요.

오사카에는 한국 정부에서 인적·물적으로 지원하는 학교로는 금강학교와 건국학교 2개가 있어요. 오사카의 금강학교와 건국학교에 정부에서 파견되는 교원 중에 인연이 닿은 사람을 고향사람 만난 듯이 아낌없이 도와주는 푸근한 동포지요. 언제까지나 건강하기를 빌어요.

245 '오카모토(岡本)' 상

남편이 교토한국학교 교사로 파견되어 아이들과 일본에 따라 갔어요. 아이들도 나도 일본어를 전혀 모르고 교토 생활을 시작했어요. 전화벨이 울려도 길을 헤맬 때도 물건을 살 때도 우리는 남편만 쳐다봤지요. 아이들이 일본어를 모르는 채 학교생활을 하려니 큰 스트레스를 받았을 거예요. 나도 시장에 가면 물건 값이 친절하게 써 붙어 있어도 모르는 것투성이였어요.

그때 도움의 천사가 나타났어요. 같은 맨션 위층에 사는 '오카모토(岡本)' 상이에요. 우리가 외국인인 걸 알고 먼저 다가와 일본 생활을 알려줬어요. 시장에 데리고 가서 일본어를 전혀 모르는 나에게 손짓발짓으로 설명했어요. 그 뒤로 죽순밥(타케노코고항), 설날 음식인 오세치 요리 등 일본 음식을 자주 만들어 가지고 내려오기도 했어요. 병원 식당 조리사였어요.

교토 마츠리, 추석의 다이모지, 연말에 한 해를 넘기며 먹는 메밀국수(토시코시 소바), 종 울리기(카네 나라이) 등 일본의 풍습도 알려줬어요. 아이들에게도 화려한 일본 색종이로 종이접기, 일본인형 만들기 등을 가르쳐 주었어요. 일본생활에 쉽게 적응할 수 있도록 그 댁 온 가족이 힘써 줬지요.

교토를 떠나고도 계속 친분을 쌓아서 20년이 지난 지금까지 연락을 주고받는 일생 잊지 못할 인연이 되었어요. 교토 사람은 사귀기는 힘들지만 한 번 친분이 생기면 신뢰가 깊어지는 것 같아요.

246 사이다와 사잇다

3살이 된 셋째 아이는 우리말도 잘 못할 때 일본에 왔어요. 유난히 말이 늦었지요. 이런 아이를 일본의 보육원에 보내도 괜찮을지 걱정을 했어요. '니시진와락구엔'이라는 보육원에 보내라는 연락이 왔어요. 원장 선생님과 면담을 하면서 언어를 걱정했어요. 원장은 한국 아이가 다닌 적이 있다고 하네요. 아버지가 의사였는데 말을 금방 배웠고 일본 아이들보다 훨씬 똑똑했다고 해요. 우리 아이는 그렇지 못하고 집에서 교육도 잘 시키지 못했다고 했어요.

보육원에서는 매일 연락장에 아이가 어떻게 지내고 있는지 소상하게 기록하여 보내요. 보육원을 다니기 시작한 지 며칠 지나지 않았는데 일본말을 했다고 써 있어요. 4월인데 보육원 마당에 피어 있는 꽃을 보고 '(꽃이) 피었다, 피었다'라고 말했다고 해요. 한국 어린이는 머리가 좋다고 원장이 말했는데 정말 그런가 보다며 참으로 영리하다고 칭찬을 하네요. 아무리 생각해도 이해가 가지 않았어요. 비행기 타고 도착한 지 얼마 되지도 않은 아이가, 게다가 우리말도 할 줄 모르는 아이가 어떻게 일본말을 이렇게 빨리 할 수 있을까? 아이에게 물어보아도 알 수 없어요.

'사잇다'라는 말을 했느냐고 물었더니 "응" 하네요. 사잇다를 자꾸 중얼대는 소리를 듣던 집사람이 말하네요. "여보 아이가 서울에 있을 때 할머니가 사이다를 가끔 사 먹인 적이 있어요. '사잇다'

가 아니라 '사이다'일 거예요. 얘가 목이 마르고 사이다가 먹고 싶어서 사이다를 달라고 한 게 아닐까요?" 그렇구나. 보육원 마당에서 한참 뛰어 놀게 했으니 목이 말랐을 것이고 할머니가 사이다 주던 생각이 나서 사이다를 졸랐던 것이리라. 셋째 아이에게 사이다가 먹고 싶었느냐고 확인해 보았더니 선생님에게 사이다를 달라고 했더래요.

일본어로 (꽃이) '피었다'라는 말이 사잇다이지요. 아이가 마당에서 뛰어 놀다가 선생님을 보고 '사이다 사이다' 하고 말을 하니 선생님은 꽃을 보고 '그래 꽃이 피었구나 피었구나' 하고 생각했을 거예요. 원장으로부터 한국 아이는 머리가 좋다는 말도 들었으니 보육원 선생님은 연락장에 이 기쁜 소식을 기록했던 것이지요.

정말 실소를 금할 수 없는 순간이었어요.

일본에 도착한 지 2주 정도밖에 되지 않은 어린아이가 꽃을 보고 일본말로 '피었다'라고 말할 정도가 되었다니 놀랄 일이었지요. 내 딸이 일본어의 천재(?)가 된 순간이었어요.

후일 보육원 선생님들을 집으로 초대할 때 이 이야기를 했어요. 보육원 선생님들과 파안대소했어요.

247 우리 집 민주주의

교토 맹학교 선생님들과의 교분이 생겨서 선생님들을 집으로 초대했어요. 선생님들은 한국 사람이 어떻게 살고 있는지 궁금한 모양이었어요. 한국에 대해 별별 것을 다 물어보네요. 선생님 중 한국에 갔다 오신 분이 이런 말을 하네요. 버스에서는 노인을 위해 자리를 양보하는 미덕이 있다고 했어요. 모두 눈이 휘둥그레지며 정말이냐고 물어요. 아직도 그런 사회가 있느냐며 믿어지지가 않는 모양이에요.

역사 이야기도 나왔어요. 안중근과 이토 히로부미(伊藤博文)에 관한 이야기도 했어요. 이토 히로부미가 한국에 있어서는 침략의 원흉이라는 것, 안중근은 의사라는 것을 등을 말했어요. 양국의 처지가 다르다는 것을 서로 이해하는 계기가 되기도 했지요.

우리 아이를 만나서 한국에 대해 많은 것을 알게 되어 기쁘다고 하네요. 한국에 꼭 가보고 싶다고 해요.

아내는 부엌에서 내내 음식을 만들어서 내오고 나 혼자만 자리에 앉아 있었어요. 선생님들은 아내를 합석시켜 함께 먹으면서 이야기를 나누자고 여러 번 간청을 해요. 아내는 일본말을 할 줄 모른다고 했지요. 이것이 한국식이라고 했어요. 선생님들은 이것은 옳지 않고 한국식이 아니라 가부장의 독재라고 하네요.

과거에는 일본도 그랬으나 이제 가사 분담은 남녀평등이라고 하며 이것은 민주주의 정신이라고 하네요. 일본 가정의 대부분은 맞벌이를 한다고 해요. 남자도 집안 청소나 식사 준비를 함께 하는 것이 당연한 것이라고 해요. 담임선생님인 '후쿠다(福田, 58세)' 선생도 가사를 함께 하고 있다고 하네요. '미즈노(水野)' 선생의 경우, 함께 사는 시아버지께서 화장실 청소를 비롯한 모든 청소를 하시고, 시어머니께서 정리정돈과 설거지를 하신다고 해요.

갑자기 나에 대한 성토장이 되어 버렸어요. 한국에서 항상 이랬느냐고 아내에게 물어요. 그리고는 아내에게 일본식 민주주의가 좋겠느냐, 한국식 독재가 좋겠느냐고 묻네요. 아내는 가사분담의 일본식 민주주의가 좋겠다고 대답하네요.

아, 가부장의 권위가 무너지는 절망의 순간이 되었어요. 그들의 성토에 못 이기어 약속을 하고야 말았지요. 앞으로는 부부가 함께 준비하고, 설거지나 청소, 세탁 등을 도와서 민주주의 가정으로 꾸릴 것을 약속했어요. 그리고 그 약속 실행의 모습을 보이는 초대를 또 하기로 했어요. 나를 제외하고는 모두 웃음과 박수로 파티를 끝냈지요.

그 이후 오늘까지 그 약속을 지키고 있고, 안식구는 사람이 완전히 변했다고 하면서 일본에 오게 된 것을 좋아하게 된 가장 큰 이유로 꼽고 있지요.

248 소학교 등교

큰딸아이가 6학년에 교토의 닌나(仁和) 소학교로 전학을 했어요. 전학 수속을 다 마치고 담임선생님과 만났어요. 선생님은 거주지를 묻고, 지도를 가지고 오네요. 지도 위에서 우리 집을 찾아 보여주고는 내일 아침에 등교할 때 몇 시까지 이 위치로 나오라고 당부하네요. 다음 날 아침 여러 학생들이 모여 기다리고 있네요. 아이들은 우리 아이를 보고 "김상(金さん)?" 하고 이름을 확인한 뒤 인원을 헤아려 보더니 같이 등교를 해요.

내가 시골에서 국민(초등)학교를 다니던 때가 떠올랐어요. 동네 어귀에서 선후배가 모두 모여 상급생의 지시에 따라 줄을 맞추어 죽 걸어가던 때가 있었어요. 꽃길을 조성하기 위해 모두 모여서 길가에 채송화, 코스모스 등의 꽃씨를 뿌리거나 어린 모종을 심던 생각이 떠오르네요.

249 '고마웠습니다'와 '안녕하셨습니다'

국립 교토대학 부속병원에 아이의 치료를 받으러 갔어요. 일본어에 자신이 없어 사전을 챙겨 갔지요. 의사를 만나 할 말을 미리 준비했는데 진료 절차에 대비하지 못해 당황했어요. 서울에서 준비한 영문 진료서와 소개서를 건네고 여러 가지 검사를 받았어요. 일본어도 영어도 못하자 의사는 몹시 답답해하면서 한자로 필담을 해 가며 진료를 했어요.

X-레이 검사, 피 검사, 심전도, 소변 검사, 안과 진료를 하느라 오전이 다 지나갔어요. 한국에서 사용한 안압약의 이름을 모른다고 했더니 수십 종의 샘플용 약병이 매달린 베니어판을 가져와 주어서 알게 되었어요.

소아과의 진찰이 끝나고 의사에게 인사말을 했는데 진료실 분위기가 이상해요. 순간 말을 잘못했다는 것을 알았어요. "고마웠습니다(아리가또우 고자이마시타)"라고 말을 해야 하는데 "안녕하셨습니다(오하요우 고자이마시타)"라고 아침인사를 한 것이지요. 그것도 과거형으로. "노우(NO)"를 연발하면서 칠판을 지우개로 지우듯이 손을 휘휘 저으며 "아리가또우 고자이마시타"라고 말했어요. 그제야 의사와 간호사가 빙그레 웃네요.

일본에 두 번째로 갔을 때 병원에 연락을 했어요. 오사카에서 교토까지 인사 차 늦게 간 나를 기다려 주었어요. 소아과 '요리후지 준(依藤 淳) 센세'와 재회의 반가움을 나누었어요.

250 교토맹학교 소학교(초등학교)

아이가 시각장애가 있어 맹학교에 다녔어요. 3층짜리 크고 훌륭한 교사에 자동천정개폐시설을 갖춘, 실내수영장까지 있는 맹학교였어요. 초등학교(小學校) 전교생이 열 명이 안 되어요. '일본에는 시각장애아가 얼마 없나 보다' 하고 생각했어요. 나중에 안 일이지만 자기 집 가까이에 있는 학교에 다니는 아이가 많다고 해요. 시각장애인을 위해 모든 시설이 갖춰진 맹학교가 있는데 일반학교에 다니는 게 의아해서 물었어요. 보호자는 아이가 그 마을 사람과 어울려 평생 살아야 하니까 어려서부터 그 지역 친구들과 같은 학교에 다녀야 된다고 말했어요. 맹학교 교사가 직접 시각장애아가 다니는 학교에 가서 가르치기도 하고, 아이가 방과 후에 맹학교에 와서 배우기도 한다고 했어요. 시각장애아를 위해 그 학교에 할당되는 정부 지원이 충분하지는 않아 불편하지만 감수하고 집 근처 학교에 보낸다고 하네요.

맹학교에 다니는 우리 아이의 원적학교는 집 근처에 있는 학교예요. 이 학교에서 맹학교에 교육을 의뢰하는 식이지요. 한 달에 한 번씩 하루 종일 원적학교에 와서 소속된 반에서 공부하고 생활해요. 맹학교 담임선생님도 우리아이 곁에서 하루를 지내요. 그런 통합교육이 있어서인지 집 근처의 아이들이 우리 애에게 '김상(金さん)' 하면서 상냥하게 말을 걸어와요.

시각장애인은 만져서 직접 체험하는 것이 눈으로 보는 것과 같아요. 인사할 때는 고개만 숙이면 모르니까 반드시 목소리를 내야 그

사람을 본 것처럼 기억을 하게 되지요. 일본 맹학교를 다니며 아이는 많은 체험을 하는 것 같았어요. 교실 옆에 밭이 있어 씨앗을 뿌리고 물을 줘서 여러 가지 야채나 꽃을 길렀어요. 싱싱한 오이를 따서 바로 먹어보며 야채의 단맛과 향을 느끼고 집에까지 가지고 와서 수확의 즐거움을 전했어요. 교실에서 나비도 알에서부터 키워 애벌레에서 성충이 되는 걸 직접 만져보며 키워요. 모심기, 벼 베기, 고구마 캐기 등은 연중행사로 학교에서 근처 농가로 갔어요. 재봉 시간에 만든 보조주머니를 갖고 다니고, 카레 만드는 걸 배워 집에서 하기도 좋아해요. 체육대회, 학예회 연극발표 등 일 년이 즐거운 체험교육으로 이어지는 것 같았어요.

다리가 불편해서 잘 넘어지는 우리 아이의 학교 아침일과는 보장기구를 다리에 채우고 계단을 오르내리는 보행연습부터 시작했어요. 끈질긴 담임선생님 지도 덕분에 거의 넘어지지 않게 되었어요. 몸이 작은 우리 애를 위해 화장실 변기를 새로 만들어줘요. 직접 변기에 앉혀서 화장지걸이의 설치 위치 등을 정해요.

무엇이든지 수급자에 맞춰서 교육해 나가는 모습에 감동했어요. 일본어를 전혀 모르고 눈도 안 보이는 우리 아이를 맡았던 첫 담임 '후쿠다(福田)' 선생님을 비롯해서 맹학교 모든 선생님들께 감사드려요.

마치며

40대의 황금기를 일본에서 보냈다. 귀국하여 살다 보니 머릿속의 절반이 일본 사람의 의식으로 차 있는 것 같다. 물도 아니고 술도 아닌 어정쩡한 의식 속에 사는 것 같다. 단가이(우리나라 베이비부머) 세대의 일본 사람이 한국에 와서 적응하느라 분투하는 느낌이다. 일본 사람 중에 정이 넘치는 우리나라에 빠지는 심정이 이해가 가기도 한다. 한편으로 따뜻한 정을 만능의 자로 사용하여 곤란한 때도 있다. 좌측통행의 사회와 우측통행의 사회를 살아온 내게 길을 걷는 방향 감각이 때때로 헷갈린다. 살면서 절감하는 것은 옛사람의 가르침에 고개가 끄덕여진다. 온고지신(溫故知新)이다. 일본에 관한 것을 이야기하는 사회적 분위기가 아닌 것 같다. 휴지조각을 만드는 행위인 것 같다. 가족들의 떠밀림을 핑계로 무모한 행동을 해본다. 일본에서 만났던 한 사람 한 사람의 얼굴을 떠올려 보는 시간이 되어서 즐거운 시간이 되었다. 그들에게 "사요나라, 사요나라, 사요나라!" 파견근무 보고서를 이렇게라도 매듭을 지을 수 있다는 것에 만족한다. 나라의 돈을 받고 생활하면서 갖고 있던 빚을 조금은 갚은 느낌이다. 함께 손잡고 걸어 준 아내가 고맙다. 암탉이 울면 '집안이 망한다'가 아니라 '알이 생긴다'는 현대적 격언으로 바꾸는 계기가 되었다.

서로를 아는 것은 이해를 낳고, 이해는 사랑을 낳고, 사랑은 무엇이나 할 수 있는 힘을 낳는다는 말이 떠오른다. 일본을 조금이라도 이해하는 데 도움이 되길 빌며 고개 숙이고 붓을 놓는다.